AF562784

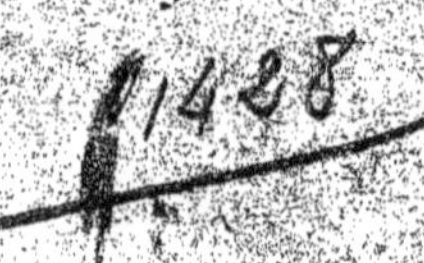

AFRIQUE DU NORD

ET

POLITIQUE COLONIALE

NOTES ET CROQUIS D'UN OFFICIER DE MARINE

— ALGÉRIE ET RÉGIME MILITAIRE
— TOUAREGS ET MISSION FLATTERS
— COLONIAL-CLUB ET MINISTÈRE DES COLONIES
— ÉTATS BARBARESQUES ET MINISTÈRE DU COMMERCE

PAR

Louis SAY

LIEUTENANT DE VAISSEAU, R. C.

PARIS

CHALLAMEL AINÉ, ÉDITEUR

LIBRAIRIE ALGÉRIENNE ET COLONIALE

5, RUE JACOB ET RUE DE FURSTENBERG, 2

1886

A MONSIEUR

LE VICE-AMIRAL G. CLOUÉ

PRÉFET MARITIME A CHERBOURG EN 1877 ET MINISTRE
DE LA MARINE ET DES COLONIES EN 1880-1881,
MEMBRE DU BUREAU DES LONGITUDES ET VICE-PRÉSIDENT DU CONSEIL
DE L'OBSERVATOIRE.

Tribut de profonde gratitude et hommage respectueux

de Louis SAY.

L. V. R. C.

AFRIQUE DU NORD

ET

POLITIQUE COLONIALE

— Les qualités de l'observateur ne sont pas les mêmes que celles du calculateur. Pour arriver à la vérité, l'essentiel est de voir les choses, fondement de tout calcul, non telles qu'on les souhaite, mais telles qu'elles sont, au moral comme au physique. Calculez ensuite ou raisonnez là-dessus, si cela vous amuse ; vous pourrez encore vous tromper, mais vous n'aurez pas commencé par là.

J.-B. SAY (1817).

— Faites votre chemin comme vous l'entendrez, mais travaillez toujours, rendez-vous utiles, car vous verrez vite que toutes les décorations, tous les grades, tous les honneurs comptent bien peu auprès du sentiment intime, que l'on porte au cœur, des services réels rendus à son pays.

Vice-Amiral ROZE
(aux élèves du *Jean-Bart*, fin de la campagne d'études. Inspection générale. Brest, août 1872).

PARIS

IMPRIMERIE E. CAPIOMONT ET V. RENAULT

6, RUE DES POITEVINS, 6

AFRIQUE DU NORD

ET

POLITIQUE COLONIALE

NOTES ET CROQUIS D'UN OFFICIER DE MARINE

— ALGÉRIE ET RÉGIME MILITAIRE
— TOUAREGS ET MISSION FLATTERS
— COLONIAL-CLUB ET MINISTÈRE DES COLONIES
— ÉTATS BARBARESQUES ET MINISTÈRE DU COMMERCE

PAR

Louis SAY

LIEUTENANT DE VAISSEAU, R. C.

Bois de l'*Illustration*, d'après les aquarelles et les croquis de M. SAY.

PARIS

CHALLAMEL AINÉ, ÉDITEUR

LIBRAIRIE ALGÉRIENNE ET COLONIALE

5, RUE JACOB ET RUE DE FURSTENBERG, 2

1886

ALGÉRIE ET RÉGIME MILITAIRE

CONFÉRENCE

FAITE A PARIS, LE VENDREDI 7 OCTOBRE 1881

MESSIEURS,

Mon intention est d'examiner ce qu'on entend par régime civil et régime militaire, et d'étudier avec vous la situation actuelle de l'Algérie.

Nous arriverons à cette conclusion :

Qu'au lieu de faire les Rattachements du 5 septembre dernier, il eût peut-être été plus sage de donner à chacune de nos colonies et surtout à l'Algérie, la plus large autonomie possible.

Mais par contre de resserrer, plus encore, le lien qui unit les colonies à la mère patrie, en créant un *Ministère des colonies* qui ne soit plus un simple bureau du ministère de la marine, mais un Ministère des colonies, qui, au contraire, ait à sa disposition et sous ses ordres :

— Toutes nos escadres avec leurs compagnies de débarquement et nos troupes coloniales,

pour le développement et la protection de nos intérêts commerciaux dans le monde entier mais avant tout sur nos *côtes d'Afrique.*

Après la prise de la Smala d'Abd-el-Kader, en 1847, après 17 ans de conquête, l'Algérie était entièrement pacifiée et soumise à notre autorité.

Les 14,000,000 d'hectares du Tell auraient dû, dès lors, se couvrir d'Européens, et notre race, aujourd'hui après 34 ans de colonisation, de 1847 à 1881, devrait être solidement ancrée dans le pays.

Partout nous devrions voir :

— De belles exploitations agricoles;
— Des villages;
— Des chemins de fer;
— Des écoles ouvertes aux enfants indigènes et aux européens.

A côté de nous, les Arabes s'assimilant à nous par la fusion des intérêts, adoptant nos mœurs, parlant notre langue, de tous cotés des centres de colonisation, moitié arabes moitié français, peuplés et riants comme les villages de la Mitidja et du Sahel, comme Bouffarik, Blidah, Zeralda, Kouba, et, dans chaque ville, des banques apportant à tous, à profusion, les capitaux de la métropole pour féconder la terre, comme à Marengo.

Voilà ce que nous devrions voir.

Voici maintenant ce que j'ai vu :

En 1872, en 1873, en 1874, en revenant du Cap, en allant en Chine, en rentrant du Japon, avec le *Jean-Bart*, avec le *d'Estrées*, avec le *Bourayne*, j'avais fait escale à Alger et j'étais resté émerveillé. Ses murailles blanches, sa plaine, ses montagnes, son soleil. — Tout m'avait séduit.

Ayant vu les colonies anglaises du Cap et des Indes, ayant vu Aden, Hong-Kong, Ceylan, j'ai voulu voir ce que nous, Français, nous faisions de l'Algérie.

Quelle y était notre politique coloniale intérieure, quels étaient nos rapports avec la Tunisie et le Maroc et, enfin, le parti que nous savions tirer de ce beau pays.

Il était alors question de la mer intérieure, du capitaine Roudaire, et des explorations de M. Largeau. Je suis parti pour les frontières du Sud, pour Rhadamès et Temassinin.

J'ai parcouru toute l'Algérie, de la côte à Biskra, de Biskra à Ouargla, et prenant Ouargla pour base d'exploration, j'ai couru le désert avec les Touaregs.

J'ai vu de près tous les centres de colonisation et tout notre monde colonial, les préfets, les généraux, les sénateurs, les députés et les gouverneurs, le général Chanzy, M. le Myre de Villers et M. Albert Grévy.

Eh bien, Messieurs, je suis resté profondément attristé.

— Pas de politique intérieure ;
— Pas de politique extérieure ;
— Pas même de programme général de colonisation ;
— Presque partout des villages officiels en ruine ;
— Partout des plaintes ;
— Peu de chemins de fer ;
— Pas de vie, pas d'activité coloniale, rien de ce qui fait le charme et l'attrait des colonies anglaises.

Et avec cela, au nombre de 138,000, nos malheureux colons noyés au milieu de 2,344,000 indigènes et l'Algérie divisée en deux clans déchaînés l'un contre l'autre :

Les arabophiles, les arabophobes.
Le régime militaire, le régime civil.

Et aujourd'hui, sous M. Albert Grévy comme sous le général Chanzy, toujours :

— Les mêmes griefs ;
— Les mêmes récriminations ;
— Les mêmes revendications.

Les colons demandent : *de la terre,*
et de la sécurité.

Et nous ne voyons dans les villages, que :

— Misère, découragement, dépeuplement.
— Ni sécurité;
— Ni terre ;
— Ni eau ;
— Ni crédit.

Et des colons qui semblent avoir été parqués, par des adversaires, dans des parcelles de terre insuffisantes, plutôt qu'installés dans des concessions sérieuses, par des administrateurs intelligents et dévoués.

Tous les villages se ressentant de l'éternelle lutte entre l'élément civil et l'élément militaire.

Remontez l'Oued-Sahel, allez à Batna, à Tebessa, à Aïn-Touta et à Krenchela, ce charmant petit village créé, en 1873, par le général de Gallifet, au pied de l'Aurès, et si délaissé depuis.

Voyez Tasmalt, Akbou, le Kseur, la Réunion, partout vous retrouvez la main des Bureaux arabes :

— Des lots de terre ridicules ;
— Des emplacements absurdes ;
— Les maisons d'un côté, les terres de l'autre, quelquefois à 20 kilomètres de distance ;
— Là les meilleures terres données à des chaouchs ;
— Des terrains excellents rendus aux tribus comme compensation du séquestre ;

Presque partout, des titres de propriété irréguliers délivrés par les Bureaux arabes, et quelquefois les archives brûlées, en quittant le commandement, et en remettant leurs pouvoirs aux agents du Régime civil.

Voilà, Messieurs, ce que nous voyons.

Voilà les traits du Parthe lancés par les Bureaux arabes, qui, pourtant, auraient toujours dû se considérer comme un **état-major d'élite** marchant en tête de la colonisation et lui préparant les voies, qui avaient été, pendant les 17 premières années de la conquête, un instrument de pacification merveilleux, mais qui, depuis 34 ans, en se rendant hostiles à la colonisation, semblent avoir si complètement méconnu leur rôle et leurs devoirs.

Avec cela, les campagnes infestées de voleurs, comme les campagnes de Sardaigne et d'Italie, partout des meurtres, des vols, des incendies.

— Toute la Kabylie en feu :
— Jemmapes ;
— Mondovi ;
— Le Fundek de M. Fawtier ;
— Bougie ;
— Djidjelli ;
— Et Stora cernés par les flammes. Quand j'ai pris le paquebot, le 18 août dernier à Philippeville, l'horizon était noir de fumée, les fermes de Stora brûlaient et les habitants fuyaient en charrettes devant l'incendie qui ne s'est arrêté que sur la crête des falaises.

— Dans les campagnes : le pillage, le vol ;
— A la porte de la ville : le feu.

Bref, une véritable Jacquerie déchaînée contre la colonisation, par le fanatisme ou par la misère.

Et la colonisation ne résiste pas.

— Les villages se dépeuplent ;
— Les fermes sont abandonnées ;
— Les maisons sont vides ;

Et ce qui reste du village, devient la proie des usuriers ou le partage de deux ou trois colons moins éprouvés que les autres.

Et avec cela :

— Lenteurs,
— Inertie,
— Désarroi dans l'administration.
— Rien ne marche ;
— Rien ne se fait ;
— Rien n'aboutit, et les dossiers se perdent, s'égarent, s'accumulent au palais de Mustapha supérieur, pour n'en plus sortir.

Le malaise est général.

L'opinion publique est inquiète.

Et les journaux n'enregistrent que plaintes sur plaintes.

Et quelles plaintes ?

Les colons accusent les Arabes et demandent pour eux :

— Le refoulement ;
— L'extermination ;
— La déportation.

Le Gouverneur attaque les Bureaux arabes.

Les Bureaux arabes accusent le Régime civil.

— Conflit entre les administrateurs et les officiers ;
— Conflit entre les préfets et les généraux ;
— Conflit entre les généraux et le gouverneur ;
— Éternel conflit entre le régime civil et le régime militaire.

Entre le Régime civil qui demande des terres pour la colonisation, et le Régime militaire qui répond :

« — Mais la terre est occupée ;
« — Vous spoliez les Arabes ;
« — Vous les ruinez, vous les dépossédez ;
« — Vous les jetez dans la misère ;
« — Vous engendrez le brigandage et l'insurrection ;
« — Est-ce nous qui sommes coupables, quand en « accaparant la terre vous allumez la torche qui propage « l'incendie ? »

Le voilà, Messieurs, **le grand conflit : la terre !**

La terre, quand deux races sont en présence.

L'une propriétaire du sol, l'autre que l'on représente, comme voulant s'en emparer, au mépris de tous les droits.

— Le voilà le fameux problème qui attend sa solution depuis trente-quatre ans ;

— La voilà la fameuse Question algérienne ;

— Le voilà, le Sphinx mystérieux qui veille aux portes du palais de Mustapha supérieur, et qui, impassible comme un sphinx d'Égypte, dit à tous ceux qui entrent :

« Devine-moi, ou je te dévore ! »

Et il a dévoré : Bugeaud ;
Pélissier ;
Randon ;
Chanzy ;

Et M. Albert Grévy est déjà fortement entamé.

Remontez à l'origine de tous les griefs évoqués, recherchez la cause de la chute de tous les hommes politiques en Algérie, et vous trouverez toujours : la terre — la terre — la terre.

Le fait est que la situation toujours difficile, l'est encore plus aujourd'hui.

Les 14,000,000 d'hectares du Tell, sont occupés par :

2,344,200 indigènes.
138,000 Européens.

2,482,000 âmes, soit : 0,18 par 100 hectares.

Soit 18 habitants par kilomètre carré.

Si, de ces 14,000,000 d'hectares, vous retranchez les parties réservées par l'État,

Vous trouvez dans le Tell :

26 habitants par kilomètre carré.

Eh bien, allez dans toutes les colonies, en Amérique, en Australie, toutes les contrées qui ont atteint une pareille densité de population, ne peuvent plus recevoir d'immigrants.

Il faut de plus grands espaces libres pour appeler l'immigration. On ne quitte pas la mère patrie pour aller végéter au delà des mers, sans horizon, sans avenir certain devant soi et sans perspective de fortune rapide.

— L'Ohio, a	25	habitants par kilomètre carré.
— Le Delaware,	22	—
— La Virginie,	12	—
— L'Indiana,	19	—
— Le Kentuchy,	13	—
— La Sardaigne,	28	—
— L'Espagne,	33	—

Et, dans les provinces d'Espagne, quand la densité atteint 40 habitants par kilomètre, il y a émigration, et cette émigration se porte sur la Plata et sur l'Algérie.

Les études comparatives faites dans le *Temps*, par H. Delamothe, sont très curieuses et très judicieuses.

Vous voyez donc, Messieurs, qu'en entrant en Algérie où le sol est bien loin d'être aussi arrosé qu'aux États-Unis, la place était déjà fortement occupée par les Arabes.

Et cependant, il fallait à tout prix des terres pour la colonisation.

Aussi, résistance acharnée du Régime militaire, au nom de l'intérêt même des Arabes.

Je sais bien qu'il n'y avait pas que l'intérêt des indigènes. Je sais bien qu'il y avait des fiefs militaires à conserver, que l'Empire avait des créatures à payer, mais enfin, l'intérêt des Arabes était le seul argument plausible. — Il fut mis en avant.

Oh! alors, résistance par tous les moyens possibles. Résistance sourde, résistance occulte, résistance par inertie, le Régime militaire résistait de toutes ses forces aux progrès de la colonisation par esprit de corps, comme il semble aujourd'hui résister par tradition.

Voyez le dernier gouverneur militaire, le général Chanzy, toute son administration fut une résistance déguisée à la colonisation et sa politique coloniale ne fut qu'une politique d'équilibre, ne donnant jamais satisfaction aux aspirations de la colonie et ménageant toujours les Bureaux arabes, encore très puissants, au ministère de la guerre, sous le maréchal de Mac-Mahon.

« Vous voulez des chemins de fer? » disait le général Chanzy, et il les fit parallèles à la côte. — « Vous voulez des terres pour la colonisation? — Je vais constituer la propriété individuelle chez les Arabes, et vous achèterez des terres où bon vous semblera. » — Mais au train dont il fit marcher les choses, il aurait fallu quatre-vingt-dix-neuf ans pour la constitution de la propriété indigène dans le Tell.

Le mécontentement fut général en Algérie. Et c'est ici que nous voyons M. Treille, au conseil général de Constantine, en 1878, parler pour la première fois de Rattachements et oublier que si l'on veut briser des hommes, il faut toujours veiller à ne pas saper imprudemment les institutions.

Néanmoins, le général Chanzy fut renversé l'année suivante, mais suivi, dans sa retraite, ni par les sympathies des colons, ni par l'estime de ses camarades de l'armée. Sa politique avait été trop cauteleuse, et à notre époque de grande publicité, où l'opinion publique a besoin de voir clair dans toutes les affaires de l'État, l'avenir pour les hommes politiques n'est plus au plus retors, mais au plus utile et au plus droit.

La chute du général Chanzy eut donc pour origine la terre, cette éternelle cause de conflit entre le Régime civil et le Régime militaire et au sujet de laquelle aucune idée n'est encore arrêtée chez nous.

Cherchez dans le gouvernement, dans le monde politique, dans le monde colonial, en France, en Algérie, dans la Presse, que voyez-vous? Toujours les mêmes tâtonnements, les mêmes hésitations, les mêmes contradictions, et, à chaque pas, des solutions plus contradictoires les unes que les autres.

En 1863. — Napoléon III rêve le Royaume arabe ;

Les colons eux, au contraire, parlent d'exterminer les indigènes ;

Et aujourd'hui M. Gastu demande l'assimilation, M. Jacques l'autonomie, M. Albert Grévy rattache en bloc les territoires militaires aux territoires civils et M. Constans, ministre de l'Intérieur, rattache à son tour M. A. Grévy à tous les ministères.

Et cependant rien ne change. La colonisation est toujours en souffrance.

Alors viennent les intransigeants et M. Rochefort qui s'écrient que l'Algérie est un pétrin, une pétaudière, un tonneau des Danaïdes.

Que nous n'en sortirons jamais, et que mieux vaudrait en somme l'évacuer.

Arrivent maintenant les monarchistes, les bonapartistes, qui nous disent que si nous sommes incapables de trouver dans nos rangs un homme d'État pour gouverner l'Algérie, à plus forte raison ne devrions-nous pas songer à gouverner la France, cette nation si grande, si puissante, mais si mobile.

Eh bien, Messieurs, aujourd'hui les Rattachements du 5 septembre sont faits : qu'y a-t-il de changé? Rien.

Le conflit subsiste toujours entre le Régime militaire et le Régime civil. Et vous aurez beau rattacher tous les territoires militaires aux territoires civils, vous aurez beau armer vos administrateurs de tous les pouvoirs disciplinaires, vous aurez beau terroriser les indigènes, les frapper d'amende, de séquestre, de déportation, de prison, de refoulement, de mort si vous voulez, vous aurez beau user de tous les moyens, inventer tous les supplices, vous n'imposerez jamais silence à ces deux millions d'Arabes qui nous disent :

« Mais nous aussi nous avons le droit de vivre ;

« La terre est à nous ;

« Vos lois de 1863 et de 1873 ont consacré notre droit sacré à la terre ;

« Si vous la prenez, nous brûlons. »

Vous voyez dans quel terrible cercle vicieux nous tournons. — Pour coloniser nous avons besoin de terre et de sécurité, et si nous colonisons nous fomentons la révolte.

Cependant il faut sortir de là.

Comment?

Eh bien, Messieurs, c'est au principe même et au germe du mal qu'il faut remonter.

Ce ne sont plus des personnalités inutiles et blessantes qu'il faut faire, ce sont nos institutions coloniales qu'il faut étudier.

Ce n'est pas le procès des hommes que nous devons entreprendre, mais le procès des institutions.

Et c'est là, c'est en remontant à l'origine de notre Établissement colonial, c'est en remontant au principe de nos institutions algériennes, que nous trouverons le germe du mal qui, depuis 34 ans, ronge et anémie l'Algérie.

C'est là que nous verrons que si l'Algérie depuis si longtemps végète étiolée, c'est que notre Établissement dans les États Barbaresques n'est pas une *colonisation* digne d'une nation moderne, mais une *occupation* militaire du littoral servilement copiée sur la Domination carthaginoise et sur la Domination romaine.

Régime civil ou Régime militaire, administrateurs ou officiers, préfets ou généraux, commissaires civils ou Bureaux arabes, c'est éternellement la même chose. C'est toujours l'Algérie étouffée par une organisation administrative plus puissante que celle des Romains dont on a tant vanté les splendeurs, mais qui n'a laissé que des ruines.

Notre colonisation en Algérie est une occupation militaire du Tell. Nous restons enclavés entre la mer et les Hauts-Plateaux, parqués dans une bande de terre étroite, sans progrès possible et sans vitalité; nous restons immobiles, nous usant en discussions byzantines et en querelles intestines éternelles, cherchant depuis 1847 une politique intérieure quelconque, un procédé de colonisation quel qu'il soit et ne trouvant rien parce que nous n'avons pas de :

Politique coloniale;

Nous ne savons pas ce que nous voulons faire de l'Algérie. Nous ne savons pas où nous voulons aller et ne sachant même pas quel but atteindre avec nos colonies, nous ne savons pas quelle direction imprimer à la colonisation.

Et alors nous tâtonnons et nous piétinons sur place, perdant toutes nos colonies les unes après les autres, quand l'Angleterre, elle qui a compris depuis longtemps le rôle des colonies, depuis deux siècles, couvre le monde entier de ses établissements et fonde des empires comme les Indes, l'Amérique du Nord, l'Australie, la Nouvelle-Zélande, l'Afrique du Sud et le Soudan central.

Pour comprendre le rôle que nous devons jouer en Afrique, pour fixer notre politique coloniale, pour en déduire quelle impulsion nous devrions imprimer à la colonisation, il est bon de jeter un coup d'œil rapide sur ce qu'ont fait les Carthaginois et les Romains et sur ce que fait l'Angleterre de nos jours.

La Domination carthaginoise a duré mille ans (900 av. J.-C. à 146).

La Domination romaine a duré 500 ans, 146-643.

Quant à l'Angleterre, depuis un siècle, elle a ouvert l'Afrique à l'Europe avec ses légions d'explorateurs, depuis Brown jusqu'à Livingstone.

Nous pouvons donc sans humiliation jeter les yeux sur de pareils maîtres.

Vous avez lu Salambo. Vous savez quelle était la splendeur de Carthage, cette maîtresse sans rivale de la Méditerranée. Ses flottes parcouraient toutes les mers, de la mer Noire à l'Océan. Elle avait des comptoirs sur toutes les côtes, sur les côtes d'Espagne, de la Gaule, de la Sardaigne, de la Sicile, des Cyclades et des Baléares. Mais en Afrique elle ne possédait que le littoral.

Les indigènes de la Numidie et de la Mauritanie n'étaient pas administrés directement par elle. Elle avait des traités avec leurs chefs.

Elle se fit des armées redoutables avec ses cavaliers numides, nos Chaouïas et nos Kabyles d'aujourd'hui, qui firent trembler Rome, en traversant l'Espagne et en passant les Alpes, avec Hamilcar et Annibal. Mais Carthage, cité égoïste et jalouse, ne paya jamais sa gloire. Elle laissa ses Numides attachés à la terre comme des serfs de Russie. Elle ne les affranchit jamais et les maintint toujours dans le servage le plus inique, sous l'autorité de chefs tributaires, rapaces, sans pitié et sans contrôle.

Rome en fit autant, tout en pénétrant davantage au milieu des populations.

Après avoir vaincu Carthage, il fallut aux Romains 200 ans pour occuper complètement le pays.

Ils devinrent maîtres absolus :

— De la Tripolitaine actuelle;
— De la Tunisie;
— De la Numidie;
— De la Mauritanie sétifienne;
— De la Mauritanie césarienne.

Et une immense voie militaire allait de Tanger à Alexandrie, traversant :

Cherchell — Tipazza — Sétif — Lambessa — Tebessa.

A Lambessa, dans le prétoire que nous voyons encore debout, résidait le commandant en chef des armées et leurs légions descendirent :

— Jusqu'à Rhadamès;
— Jusqu'à Rhat;
— Et jusque dans le Aïr, chez les Garamantes, à l'entrée duquel a été massacrée si terriblement la mission du colonel Flatters, cet hiver.

Mais toute la colonisation romaine resta localisée entre la mer et la voie romaine, et, comme sous Carthage, les indigènes, les Numides, restèrent enchaînés à la terre, sans fusion possible avec l'élément européen, surmenés comme des esclaves, exploités par leurs chefs, ruinés par les agents du fisc.

Le blé était bon marché à Rome.

Mais la foule des affamés grossissait en Numidie, aux portes des villas romaines. Et alors, de même que Carthage avait eu sa guerre des mercenaires et avait vu se tourner contre elle ses Numides, l'incendiant avec Scipion Émilien, en 146, de même les Romains virent se dresser contre eux les indigènes.

La Numidie opprimée se lève tout entière, à la voix des évêques, et les Numides embrassent avec enthousiasme le Christianisme, qui leur apparaît comme une religion d'affranchissement et de délivrance. Puis nous les voyons, en 429, poussés encore à la révolte par leurs oppresseurs, faire cause commune avec les Vandales, tout piller dans les campagnes, tout dévaliser, tout incendier, et enfin plus tard, las de la domination byzantine, appeler l'invasion arabe et embrasser l'Islam, comme ils avaient embrassé le Christianisme par haine de l'oppression.

Et alors les conquérants arabes, avec Amrou, comme un torrent, traversèrent le nord de l'Afrique, et, arrivé sur la côte du Maroc avec ses cavaliers, Sidi-Okba, dans un splendide mouvement de fierté et d'orgueil, fit cabrer son cheval et le lança jusqu'au poitrail dans l'Océan.

Les évêques furent chassés, les villas détruites, et, de la domination romaine, il ne resta plus que des ruines à côté des ruines de Carthage, pour rappeler à Rome qu'une nation, si puissante qu'elle soit, n'asservit jamais impunément un peuple.

N'est-il pas curieux, après douze siècles d'intervalle, de 643 à 1881, de voir revenir le pillage et l'incendie pour les mêmes raisons.

De constater la même cause aux mêmes conflits, et de voir les Kabyles trouver des défenseurs dans les Bureaux arabes comme ils en avaient trouvé dans les évêques chrétiens, et, à la voix de leurs marabouts, se lever en masse contre nous, contre notre colonisation, et s'insurger contre le Régime civil qu'on leur représente comme devant les déposséder à tout jamais de leur droit sacré à la terre.

En regard de ce qu'ont fait Rome et Carthage, mettons ce que fait l'Angleterre depuis cent ans en Afrique, et voyons ce qu'elle entend par **politique coloniale**.

L'Angleterre n'a fait ni comme nous, ni comme Rome, ni comme Carthage, elle ne se borne pas aux côtes.

Sur toutes les côtes, oui, elle a des ports et des stations, à l'embouchure de tous les fleuves, des comptoirs; mais de plus, dans tous les bassins, dans toutes les vallées, elle a lancé des légions de missionnaires et d'explorateurs, ouvrant le pays, étudiant toutes les routes, se conciliant toutes les peuplades et passant des traités de commerce et d'alliance avec leurs chefs.

Marchant toujours le drapeau de la science et de l'humanité à la main, mais enfantant une expansion formidable de colonisation vers l'intérieur et n'ayant qu'un *but*, la création d'un nouvel empire colonial, grand comme les États-Unis, quinze fois grand comme les Indes, comprenant les deux tiers de l'Afrique et englobant peu à peu :

— La Tripolitaine;
— L'Égypte;
— L'Abyssinie;
— Le Soudan central;

Et toute l'Afrique du sud, du coude du Congo au Cap.

Vous connaissez les deux routes stratégiques des Indes :

La route nord : Gibraltar, Malte, le canal de Suez, Perim, Aden, Bombay.

La route sud : l'Ascension, Sainte-Hélène, Maurice, les Séchelles, Ceylan.

Vous connaissez aussi la route de la Chine par Malacca et Hong-Kong. Eh bien, Messieurs, les Gibraltar, les Aden, les Hong-Kong de l'Angleterre, sur les côtes d'Afrique, sont Sainte-Marie-Bathurst, les îles Scarcies, le port Crève-Cœur, Sofala-Bay, l'îlot de Zanzibar, Mocha-Island et tant d'autres, et enfin, à l'ouest de l'Algérie, le cap Nun, et à l'ouest, Tripoli.

Sur toutes les côtes, des établissements, des annexions, des conquêtes, elle remonte tous les fleuves, elle est dans tous les bassins.

— Dans la vallée du Nil;
— Dans le bassin du Niger;
— Dans le bassin du Benoué;
— Au lac de Tshaad;
— Au lac Tanganika;
— Aux sources du Nil;
— Aux sources du Congo;
— Et dans les montagnes du Shoa, en Abyssinie.

Et la République du Fleuve-Orange est enclavée;
Le Transwal est cerné;
Les Achantis annexés;
Les Zoulous, les Basutos battus;
La côte de Mozambique négociée avec le Portugal;
Les États du sultan de Zanzibar protégés;
En Égypte, des pronunciamientos en temps voulu, et à Tripoli, aujourd'hui tout ce qu'il faut pour en faire.

Il y a longtemps que l'Angleterre connaît l'importance de la route de Tripoli, Rhadamès, Rhat, Bilma et le Soudan central.

Ce n'est pas pour rien qu'elle a envoyé ou protégé :

Barth;
Richardson;
Brown;
Nachtigal;
Rohlfs.

Ce n'est pas pour rien qu'elle a fait explorer le Fezzan, le Tebou, le Wadaï, le Darfour et le Bornou.

Ayant Malte, toute la route doit être à elle, et puisque nous sommes allés en Tunisie, il se passera à Tripoli ce qui s'est passé au Caire; on a envoyé des troupes et le pacha de Tripoli a sur les bras 9 000 hommes qu'il ne peut ni habiller, ni nourrir, et au premier accident, au premier assassinat, le pavillon anglais flôttera sur la Kasba.

Et il y a longtemps que l'Angleterre a jeté les yeux sur la Tripolitaine — en 1850, elle avait un consul à Rhadamès — aujourd'hui, après les explorations de M. Largeau elle a fait mettre un kaïmakan à Rhat, le colonel Flatters a été tout surpris d'y voir des canons et une garnison, — et en 1861, le consul anglais de Tripoli disait à la mission du colonel Mircher : « Je vous laisse passer parce que vous n'êtes pas suivi en France par l'opinion publique, sans cela, vous ne passeriez pas. »

Et quand l'Angleterre ne veut pas qu'on passe, on ne passe pas.

Pour une raison ou pour une autre, si on s'aventure on est massacré.

— Lambert, massacré à Aden;
— Lambert frère, massacré à Madagascar;
— Dourneaux-Duperré et Joubert, massacrés à Rhadamès;
— Flatters, massacré en quittant le Hoggar et en entrant sur le territoire parcouru par les caravanes qui vont de Tripoli à Kano.

Quand, eux de leur côté, les explorateurs anglais vont, sans être inquiétés, du Caire à Tombouctou, de Tombouctou à Kartoum, protégés partout par les chefs indigènes.

Oh! je ne dis pas que l'Angleterre fasse assassiner, mais je dis que ceux qui assassinent savent qu'ils ne seront jamais livrés par l'Angleterre.

Maintenant, Messieurs, il faut l'avouer, toutes nos récriminations, toutes les paroles aigres-douces que nous pouvons prononcer ici sont un hommage rendu à cette grande nation qui a su comprendre que la colonisation est pour les vieux royaumes une preuve de virilité et que « la grandeur des empires, comme le dit Jules Duval, se mesure au rayonnement comme la grandeur des astres. »

Vous savez, Messieurs, quel a été le rayonnement anglais. Depuis le commencement du siècle, le Royaume-Uni a jeté six millions d'enfants dans le monde et ce qui a fait la puissance de ce petit royaume, dont l'aristocratie est toute normande, c'est son expansion à l'extérieur.

Il y a longtemps que les Anglais connaissent les origines de l'émigration — et en ont apprécié les bienfaits.

Que ce soient les épidémies,
les plaies sociales,
une mauvaise administration,
ou la misère;

Ils savent que l'émigration est toujours pour une nation une garantie de richesse et de liberté pour l'avenir, et ils l'encouragent au lieu de l'entraver.

Ils savent que les colonies sont pour les vieilles nations des rejetons vigoureux.

Ils savent que les établissements d'outre-mer sont toujours pour une métropole, comme nous le dit encore Jules Duval, une cause d'accroissement de territoire,
de puissance,
de prestige,
d'honneur.

Ils savent que l'expansion de la race est toujours pour la patrie native :
Une source d'influence,
de commerce,
de popularité,
de bénéfices.

Ils savent enfin que l'émigration est une des lois de la nature qu'on ne peut pas enrayer. — Ils savent que l'histoire de l'émigration est l'odyssée du genre humain, cet « éternel voyageur qui va explorant le monde et retrempant ses forces dans le renouvellement incessant des générations. »

Ils savent que l'émigration est :

— Le déversoir des populations surabondantes;
— L'asile des vaincus et des opprimés;
— La mission des caractères entreprenants;
— Le fondement de la puissance maritime des États;
— Un instrument d'échanges internationaux;
— Et enfin, le germe des grandes cités et des grands empires.

Mais, lisez donc Jules Duval. C'est lui que je vous cite presque textuellement, et vous y verrez encore qu'un peuple qui n'émigre pas voit sa jeunesse s'étioler sans ambition, et que, comme les eaux stagnantes, les sociétés stagnantes se corrompent.

De là cette énorme impulsion donnée aux voyages dans l'éducation anglaise. — De là, la puissance acquise par les colonies anglaises, grâce aux cadets de famille.

C'est que la vieille Angleterre sait de quelles actions d'éclat, de quels actes d'héroïsme et de dévouement sont capables les jeunes gens.

Vous savez bien que l'enthousiasme se refroidit vite, le corps s'use. — Il faut être jeune et libre pour courir le monde. — Plus tard on est retenu au foyer, on a une femme, des enfants et toutes ces servitudes sacrées que de Camors appelle autant d'entraves à la force de l'homme.

On n'a plus le droit de se sacrifier au triomphe d'une idée, ce n'est que tant qu'on est jeune que l'on peut risquer de se ruiner, ce n'est que tant qu'on est jeune qu'on a le droit de mourir.

L'Angleterre sait, depuis longtemps, ce que peut la jeunesse avec son enthousiasme et avec sa foi dans tout ce qui est grand et beau, elle sait bien que la jeunesse, comme le vieil Archimède, ne demande à la société qu'un point d'appui pour soulever le monde, et elle a été le point d'appui et elle a conquis le monde.

Quel malheur profond pour la France, que ces idées-là ne soient pas plus répandues chez nous et que toute notre politique extérieure se soit si longtemps bornée à des questions de frontières continentales, quand, de l'autre côté de la Méditerranée, il y a d'immenses territoires dont aucune nation européenne ne devrait pouvoir nous contester la possession.

Quel malheur que l'Algérie ne soit pas plus connue de nous, que nos fils de famille ne mettent pas plus d'ardeur à la parcourir, à la sillonner dans tous les sens.

Quel malheur que nous n'ayons pas compris quel immense empire colonial nous pouvions fonder là.

Un empire plus grand que celui des dynasties berbères qui ont commandé 1000 ans le nord de l'Afrique — (643-1574).

Un empire plus puissant que celui des Almohades et

des Almoravides, plus durable que ceux des Abd-el-Raman et des Abd-el-Moumen.

Les leurs étaient fondés sur l'Islam avec son fatalisme, cette plaie des sociétés musulmanes et le nôtre l'eût été :

— Sur la liberté individuelle,
— Et sur le progrès incessant de la société moderne.

Et c'eût été le salut de l'Algérie qui s'étiole, piétinant sur place, quand elle pourrait devenir une France d'Afrique si jeune, si vivante, si brillante sous ce beau soleil qui, le soir, empourpre l'Atlas et dore les sables du désert.

Et dire, Messieurs, que nous sommes restés dix ans en Algérie sans savoir ce que nous ferions de notre nouvelle colonie (1830-1840).

Ah ! je vous garantis que si, dès le principe, nous avions eu la pensée bien arrêtée de fonder un établissement colonial sans limites à ses progrès, sans limites à sa puissance, sans bornes à ses frontières, nous eussions vite trouvé le moyen pratique de coloniser l'Algérie.

Nous n'aurions pas piétiné longtemps sur la côte, à court de terre et d'espace, sans champ d'action digne de la France.

Nous aurions bien trouvé *de la terre.*

Nous eussions compris l'importance économique des larges bassins qui, de tous les points de la côte de Barbarie s'enfoncent dans l'intérieur des terres et sont autant de grandes voies naturelles tracées par l'eau à la marche de notre expansion coloniale.

Et, remontant les vallées, passant d'un bassin dans l'autre, suivant le cours mystérieux des fleuves souterrains que nous révèle la sonde des puits artésiens, nous eussions :

— Pénétré au Maroc par la Moulouïa;
— Au Touat par l'Oued-Namous;
— Dans le Hoggar par l'Oued-Rirh;
— Dans le Djebel-Amour par l'Oued-Tagguin ;
— Dans la Kabylie par l'Oued-Sahel;
Et — en Tunisie par la Seybouse et la Medjerdha.

Nous eussions vite compris l'importance des grandes lignes de chemins de fer perpendiculaires à la côte, pénétrant à l'intérieur, coupant tous le territoire, drainant toutes les richesses :

— Récoltes;
— Minerais;
— Bois ;
— Alfa;
— Troupeaux,
Et apportant tout aux ports de la côte.

Nous avons des ports merveilleux :

— Arzew;
— Cherchell;
— Bougie ;
— Et Bone, qui a coûté 8 millions;
— Et Philippeville, qui a coûté 16 millions ;
— Et Alger, qui en a coûté 52;
— Et Oran, 19.

Et ces ports-là meurent d'inaction n'ayant rien à embarquer, quand les massifs montagneux,
les Hauts-Plateaux,
les oasis du désert,
reliés à la mer par des voies ferrées les enrichiraient.

Ce n'est pas localiser la colonisation dans le Tell;
Ce n'est pas partager l'Algérie en deux bandes :
— L'une colonisable,
— L'autre militaire ;
— L'une de droit commun,
— L'autre de commandement;

Et toutes les deux séparées par une barrière infranchissable, par un « mur de la Chine, » que nous aurions dû faire, nous, Peuple moderne qui avons :

La vapeur,
Et l'électricité.

C'est par bassin, par région perpendiculaire à la côte, et avec des voies ferrées, des lignes télégraphiques, ouvrant l'intérieur.

— Autant de départements que de bassins, avec les ports pour chefs-lieux.

Oh! alors, le programme de la colonisation eût été simple :

Un immense mouvement d'extension coloniale vers l'intérieur entraînant indigènes et européens :

— Dans une généreuse émulation,

— Dans une lutte acharnée de tous contre la nature.

Oh! alors, plus de colonisation artificielle ;
— Plus de création de villages sans vitalité ;
— Plus d'ingérence administrative;
— Plus de pression administrative;
— Plus de surveillance administrative ;
— Plus de colonie qui soit un bagne pour les colons.

Et de la part du gouvernement qu'un rôle :
— La constitution de propriétés indigènes le long des voies ferrées.
— La vente aux enchères de tous les biens domaniaux.
— L'expropriation des grandes sociétés financières qui n'ont pas rempli leurs engagements, mais pour qui l'État a toujours été si large, quand il se montrait si dur pour les colons.

Et le long des voies ferrées, pénétrant à l'intérieur, d'elle-même la colonisation se fût étendue et échelonnée comme elle naît en Amérique le long des grands fleuves : sur les bords du Rio et de la Plata, de l'Amazone, du Missisipi et du Saint-Laurent.

Toutes les terres rendues, par les voies ferrées, accessibles à la colonisation, eussent vite, comme à Oran, passé des mains des Arabes aux mains des Européens, et les Arabes eux-mêmes se fussent enfoncés comme nous dans le sud, dans le haut Sahel, dans le Hodna, dans l'Oued-Rirh, trouvant bien toutes les terres exploitables, et emportés par leur besoin de mouvement, ils eussent été les premiers à dégager le Tell, et à s'aventurer dans l'extrême sud, là où le soleil est plus chaud, mais aussi l'espace plus libre et parfois le sol plus fécond.

Ils fussent devenus l'avant-garde même de notre colonisation, et la *Terre* ouverte à tous par les voies ferrées, fût devenue un objet d'échange entre les deux peuples, un lien entre les deux races au lieu d'être un éternel sujet de discorde et de haine.

Oh ! alors, la marche de la colonisation se dessine d'elle-même, le programme colonial se dégage, la fameuse Question algérienne se résoud tout naturellement.

Le grand mouvement d'expansion vers l'intérieur avec les voies ferrées engendre la transmission des terres des mains des Arabes aux mains des Européens, et la transmission des terres entraîne la transmission naturelle des pouvoirs des mains des Bureaux arabes aux agents du Régime civil.

Les administrateurs succèdent aux officiers.

Les préfets aux généraux.

Dans chaque bassin au fur et à mesure des progrès de la colonisation, les territoires civils s'accroissent et la zone politique s'étend, gagnant du terrain sur les frontières, s'élargissant sans cesse, et englobant, peu à peu la Tunisie, la Tripolitaine, le Touat, le Maroc, et plantant notre pavillon sur toutes les mosquées en signe de paix et de progrès pour les indigènes.

Voilà pourquoi tous les voyages, toutes les explorations dans l'extrême sud ont eu, à mes yeux, une portée politique si grande et si intéressante.

Car, vous le voyez, plus de conflit possible entre le Régime militaire et le Régime civil, avec une expansion générale de toute la colonie vers les extrémités de son territoire.

C'est une direction donnée à la colonisation;
C'est un but fixé aux efforts de tous;

Pouvoirs civils, pouvoirs militaires ayant chacun leur rôle et leur fonction, se complétant l'un l'autre, travaillant ensemble aux progrès de l'Algérie.

Mais, envisagée à ce point de vue, prise dans son ensemble, cette colonisation de l'Algérie, cette expansion générale vers l'intérieur, cette transmission des terres entraînant la transmission des pouvoirs et l'élargissement graduel de nos frontières s'étendant comme une onde jusqu'à l'Océan, jusqu'au golfe de Gabès et au Soudan, tout cela ne nous apparaît-il pas comme une immense conquête du nord de l'Afrique par une armée ayant pour avant-garde les explorateurs, pour corps d'armée nos troupes avec leurs officiers et pour base le territoire civil, avec les colons et les préfets.

Mais c'est toute une marche coloniale à conduire. — C'est tout un état-major d'explorateurs, d'officiers, de préfets à diriger, à maintenir en bonne harmonie ; c'est une conquête lente à mener avec suite et persévérance, c'est une invasion systématique du nord de l'Afrique comme l'invasion de l'Asie par les Russes et de l'Indoustan par les Anglais.

Et pour cela, Messieurs, il faut une direction puissante. Il faut à la tête de l'Algérie une tête qui veuille et qui dirige, il faut **un gouverneur général** qui soit réellement un homme de gouvernement.

Un homme qui sente le poids de l'œuvre à accomplir, un homme qui comprenne que la colonisation de l'Algérie est bien une tâche qui, comme le disait Dufaure en 1846, n'est au-dessous d'aucune intelligence, d'aucun dévouement, d'aucune gloire.

Ah ! si nous en étions là, je serais tranquille. Un pareil gouverneur sentirait vite la nécessité de s'appuyer sur un **conseil colonial** solide et fort qui ne soit plus un rouage presque administratif, mais l'expression des besoins de tout le pays.

Si maintenant de l'Algérie nous passons à toutes nos colonies, si nous les envisageons dans leur ensemble, si nous jetons un regard sur notre Empire colonial, si nous étudions de quels côtés partout nous avons à diriger nos efforts et à étendre notre colonisation, nous voyons vite qu'il faut, *à la tête de notre politique coloniale, une direction émanant directement du gouvernement de la métropole, une action politique incessante ayant sa source au cœur du pays* et puisant sa force et son autorité au sein même du Conseil des ministres chargés de veiller aux destinées de la France d'outre-mer comme à la grandeur de la France continentale.

Sans cela, Messieurs, sans Ministère des colonies, toute notre politique coloniale ne sera jamais, comme par le passé, qu'une politique sans suite, sans avenir et sans grandeur.

Que de choses encore à dire !

Je voudrais maintenant reprendre avec vous une à une toutes les richesses de l'Algérie et parcourir avec vous :

— Les Hauts-Plateaux,
— Les massifs montagneux,
— Le désert,
— Les plaines à blé,
— Les plaines d'alfa,
— Les pâturages,
— Les villages Kabyles,
— Les Ksours du Djebel-Ahmour,
— Les oasis du désert.

Je voudrais vous parler
— Des Kabyles et de leurs forêts d'oliviers,
— Des Mzabites et de leur commerce avec Aïn-Çalah,
— Des Souafa qui vont à Rhadamès et à Rhat,
— Des Chaouïas qui cultivent l'Aurès,
— Des Hamyans et des Douï-Menia qui descendent au Gourara,
— Des Chambas et des Touaregs, ces audacieux coupeurs de routes,
— Des Larba et de leurs chevaux d'acier,
— Des Oulad-Naïl ces belles gitanes du désert.

Je voudrais que vous vissiez tous ces Berbères et tous ces Arabes qui ont incendié Carthage et fait trembler Rome.

Mais qui aussi ont fondé

— Tiaret,
— Tlemcen,
— Fez,
— Figuig,
— Ouargla (909 apr. J.-C.)

Qui ont conquis l'Espagne et immortalisé
Cordoue,
Séville,
Grenade.

Vous verriez ce que valent ces hommes qui nous ont donné leur sang à Frœschwiller et à Reischoffen, et qui demain avec nos Colons et avec notre Armée, donneraient toute l'Afrique du nord à la France, si l'Algérie était gouvernée comme le sont les Indes.

Paris, 7 octobre 1881.

COLONISATION

1830. — Conquête.

1838. — L'Algérie proclamée terre française, intendance civile remplacée par une direction de l'intérieur. Maréchal Valée.

1841. — Maréchal Bugeaud, programme de colonisation.

1844. — Consécration légale des Bureaux arabes.

1841-1846. — Commission des ports, des phares, des desséchements.

1847. — Prise de la Smala d'Abd-el-Kader. Pacification de tous les territoires algériens.

1857. — Sur la proposition du maréchal Vaillant, décret jetant les bases du réseau des chemins de fer algériens.

1856. — *(Décret du 30 décembre)* décentralisation de l'action administrative, augmentation des attributions des préfets et des généraux. *Progrès du régime civil.*

1856. — *Ministère de l'Algérie,* centralisant les affaires à Paris.

1860. — *(Décret du 10 décembre)* restituant au gouverneur toutes ses attributions précédentes, et augmentant ses pouvoirs.

1863. — Sénatus-consulte rendant les tribus indigènes propriétaires de tous leurs territoires de parcours respectifs. *Royaume arabe.*

1864. — Insurrection du sud algérien. Retour au régime militaire. Le poste de directeur des affaires civiles est supprimé.

1867. — Famine. Mort de 500 000 Arabes.

1870. — La direction des affaires civiles est rattachée au ministère de l'intérieur (décret du 24 octobre 1870). *Régime civil.*

1872. — La Kabylie ouverte à la colonisation, par l'amiral de Gueydon. — Oued-Sahel.

1873. — La loi du 13 juillet ordonnant la constitution de la propriété individuelle chez les indigènes, pour permettre les transactions sur les terres entre les Arabes et l'élément européen.

1875 à 1879. — Gouvernement du général *Chanzy*. Lenteurs apportées dans la constitution de la propriété indigène.

1878. — Le Conseil général de Constantine demande que les principaux services de l'Algérie soient rattachés aux services similaires de la métropole (rapporteur de la Commission M. Treille).

1879. — *(Décret du 19 mars)* M. Albert Grévy nommé *gouverneur général* de l'Algérie, *ayant sous ses ordres les commandants des troupes de terre et de mer,* et tous les services administratifs.

1879, *12 mai.* — *Les Bureaux arabes rattachés* au gouverneur général.

1880, *25 août.* — Les Bureaux arabes du Tell remplacés par des administrateurs civils. *Les territoires militaires rattachés* aux territoires civils sur une étendue de 5 800 000 hectares, comprenant 53 communes et 900 000 âmes.

1881, *19 mai.* — Insurrection du sud oranais.

1881, *18 août.* — Incendie générale des forêts de la province de Constantine et de la Kabylie. Jemmapes, Mondovi, Stora, Djijelli, Bougie sont en feu.

1881, *5 septembre.* — Sur la proposition de M. Constans, ministre de l'intérieur, DÉCRET *rattachant* tous les services de l'Algérie aux services similaires de la Métropole et constituant le *gouverneur général délégué des neuf ministres.*

STATISTIQUE

Surface du Tell algérien.	14,000,000 hectares.
Surface des Hauts-Plateaux.	11,000,000
Surface du Sahara algérien.	45,000,000
	70,000,000

Population européenne.	350,000 âmes.
Population indigène.	2,400,000

Forêts, surface	2,055,066 hectares.
Mines reconnues ou exploitées	381
Alfa, exportation en 1879	62,596 tonnes.
Oliviers greffés, pieds	1,607,524
Pieds d'arbres reconnus dans les forêts, environ, pieds	12,000,000
Palmiers, dattiers, pieds	4,000,000
Bétail total de l'Algérie, têtes	15,000,000
Puits artésiens (Zibans, Oued-Rirh, Ouargla)	916

Villages européens disséminés dans les trois provinces et dont la plupart sont misérables........ 600

Population européenne agricole	138,510 habitants.
Population indigène agricole	2,337,189

Enfants indigènes fréquentant les écoles franco-arabes	9,000
Enfants indigènes fréquentant les Zaouïas	28,000

Le barrage de l'Habra contient 14,000,000 mètres cubes d'eau.
Le barrage des Hamis..... 35,000,000 id. id.

Routes	10,506 kilomètres.
Chemins de fer exploités	1,282 id.

(1860 à 1880. 1282 kilomètres exécutés font une moyenne de 64 kilomètres par an — 34 kilomètres viennent d'être exécutés en 53 jours au Kreider.)

Exportation en 1879	151,918,421 francs.
Importation en 1879	272,126,102
	424,044,523 francs.

Total des importations et des exportations de 1830 à 1880 = 8,545,575,464 francs.

POPULATION.

Français	156,365
Israélites	33,312
Espagnols	92,510
Italiens	25,759
Anglo-Maltais	14,220
Allemands	5,722
Autres étrangers	16,861
Musulmans	2,462,936
Divers	8,890
	2,816,575

ÉLÉMENTS DE LANGUE ARABE

Une leçon d'Arabe

En somme il n'existe en Arabe que 18 lettres
a b d f g h i k L m n o r s t z dj ch,
mais six d'entre elles a d h s t et surtout r ont deux ou trois formes différentes et dans la prononciation des nuances que la pratique seule fait saisir.
Comme dans toutes les écritures la forme des lettres se modifie légèrement suivant qu'elles sont au commencement d'un mot, au milieu ou à la fin, liées, ou pas, avec les lettres voisines.

a = ا	se prononce comme a dans Algérie	o = و	se prononce comme ou dans Coup
a'	» a » Villa	z = ز	» z » zéphir
a'' = ع	» a » lait	r' = غ	» r » gras
b = ب	» b » bon	r = خ	» r » gros
d = د	» d » dur	s = س	» s » sire
d' = ذ	» th » le the anglais	s' = ص	» s » santé
f = ف	» f » fa	s'' = ض	» th » le this anglais
g = ق	» g » gourbi	t = ت	» t » tôt
h = ح	» h » hache	t' = ط	» t » tard
h' = ه	» h » héros	t'' = ظ	» th » le that anglais
i = ي	» y » pays	z = ز	» z » zèbre
K = ك	» K » Kaolin		
L = ل	» L » lame	dj = ج	» dj » bordj
m = م	» m » mer	ch = ش	» ch » cheval.
n = ن	» n » nom		

Exemples : (lire de droite à gauche)
Rivière = ouad (d a ou) واد
poudre = baroud (d ou r a b) بارود
Chaud = skoun (n ou r s) سخون
jour = ioum (m ou i) يوم
Démons = djenoun (n ou n dj) جنون
etc.. Panthère = nmoura (a r ou m n) نمورة

Pour plus de détails acheter la grammaire de Bou Sedira, des Challamel, 5 rue Jacob, et pour bien parler l'Arabe aller en algérie.

Louis [illegible]

NOTA. — Rien n'est plus simple que d'écrire en Arabe deux ou trois cents mots parmi les plus usuels et de les apprendre par cœur, c'en est assez pour causer, en route, avec ses cavaliers, saisir la prononciation exacte, et arriver rapidement à parler.

LE « JEAN-BART »
Vaisseau École d'application des aspirants de Marine — Campagne de la Méditerranée (mai-juillet 1872).

OASIS DE OUARGLA. — SAHARA ALGÉRIEN (1875-1879).

LES GRANDES DUNES DE BIR-EL-ÇOF, A GHADAMÈS (400 kilomètres sans puits).

LA CARAVANE FAISANT ROUTE VERS LE SUD.

LES CHASSEURS DE GAZELLES HAOÛN ET MESSAOUD.

LE SAHARA A RHADAMES.

ZAOUIA DE SIDI MAHABET-BEN-DJERIDA
(Lieu d'asile et de refuge des Touaregs.)

OASIS SITUÉE A 15 KILOMÈTRES AU S.-O. DE RHADAMÈS
(8 janvier 1876.)

G. LEMAY, correspondant du « Rappel » et du « Temps »
(actuellement consul de France à Khartoum, détaché en mission dans la mer Rouge, à Souakim et Odeïda.)

L. SAY, enseigne de Vaisseau,
(actuellement Lieutenant de Vaisseau au cadre de Réserve, attaché au port de Cherbourg.)

OASIS DE RHADAMÈS (TRIPOLITAINE).

VUE DE LA SOURCE DE RHADAMÈS
(Janvier 1876.)

CONSULAT ANGLAIS EN 1860
(Habité actuellement par le Gouverneur turc.)

M. LARGEAU ET LE KAÏMAKAN (GOUVERNEUR) BEN BOU-AÏCHA.

RHADAMÈS (janvier 1876).

LA PLACE DU MARCHÉ

RUES COUVERTES ET CARREFOUR

UNE RUE

LES IDOLES A LA PORTE SUD DE RHADAMÈS
(Points de repère signalant l'oasis aux caravanes arrivant de Rhat ou du Hoggar.)

TOUAREGS

ET

MISSION FLATTERS

EXTRAIT DE LA *RÉPUBLIQUE FRANÇAISE*

(27 avril 1881.)

« Les dépêches reçues de Laghouat et d'Alger, et que « nous avons reproduites dans nos derniers numéros, « confirment l'anéantissement complet de la mission du « colonel Flatters. Tous les officiers sont morts ; des cent « quinze hommes qui composaient l'expédition, il ne

« reste plus que vingt survivants rentrés le 18 avril à « Ouargla. Tous les autres ont été tués à Asiou, ou « empoisonnés dans leur retraite sur Ouargla, ou sont « morts de faim avec le maréchal des logis Pobéguin,

« avant que les 400 meharas, partis à leur secours le « 2 avril, aient pu les rejoindre.

« Cette terrible catastrophe ne devait pas décourager « les hommes de cœur qui se sont consacrés en quelque « sorte à la grande œuvre de l'étude du Sahara et à « l'extension de notre puissance en Afrique. C'est sans « surprise que nous avons appris qu'aux premières nou- « velles du désastre de l'exploration Flatters, un de nos « jeunes officiers de marine, M. Louis Say, qui accom- « pagnait M. Largeau à Rhadamès en 1875, et qui est « allé à Temassinin en 1877, avait fait ses offres de ser- « vice au ministre des travaux publics pour tenter à nou- « veau l'aventure dans de meilleures conditions de succès « et aller rechercher les dépouilles de la mission détruite.

« Voici la lettre adressée par M. Louis Say au ministre « des travaux publics : »

« Monsieur le Ministre,

« Depuis ma dernière exploration chez les Touaregs, en 1877, à Temassinin, où j'étais allé seul avec deux Arabes pour étudier la question et sonder le terrain, le Transsaharien a fait des progrès énormes dans l'opinion publique, grâce à l'initiative généreuse de M. de Freycinet.

« La ligne *Biskra-Touggourt-Ouargla* s'est affirmée comme premier tronçon de la voie ferrée qui doit traverser le désert, et le Hoggar allait être complètement ouvert devant nous sans le massacre effrayant qui, en anéantissant la mission entière du colonel Flatters, a ratifié d'une façon si cruelle nos prévisions et les craintes des représentants de l'Algérie en nous rappelant que la témérité ne suffit pas dans le désert.

« En échelonnant encore sur la route du Soudan les cadavres de 83 Arabes et de 8 officiers français, la sauvagerie farouche des Touaregs nous conseille une fois de plus la prudence à côté de l'audace, en nous montrant comme plus politique de chercher à faire de ces natures indomptables des alliés et des auxiliaires quand, malgré leur nombre infime et leur armement misérable, les Touaregs peuvent encore être, avec les duretés de leur climat et l'âpreté de leurs plateaux, des adversaires si redoutables.

« Les faits sont là, sanglants :

« — Dourneaux-Duperré et Joubert, poignardés à Rhadamès en 1872;

« — MM. Bouchart, Paulmier, Ménoret, assassinés à Metlili en 1876;

« — Ahoum et Moulay-el-Arbi, les guides de Largeau, tués sur la route de Rhat en 1876;

« — La tribu des Oulad-Saya, razzée, en août 1878, sous les murs même de Touggourt, par 75 Touaregs, aussitôt après le rappel de l'agha Ben-Driss;

« — La mission du colonel Flatters arrêtée au lac Menrourh en 1880 par les Touaregs Azquer lui refusant des vivres;

« — Enfin la dernière expédition du colonel Flatters tout entière anéantie au sud du Hoggar il y a un mois à peine.

« De pareils événements confirment d'une façon trop pénible les déclarations que nous avons eu l'honneur de faire aux séances de la commission supérieure du Transsaharien le 23 juillet, le 26 juillet, le 11 août, le 12 août 1879 et le 28 juin 1880.

« C'est le 12 août 1879 que les représentants de l'Algérie et MM. Brisson, Jozon, Paul Bert et de Lesseps se sont ralliés à la protestation formulée par M. Lucet sur les dangers d'une mission militaire aventurée dans le désert sans avoir derrière elle de base sérieuse d'opération et sans voir devant elle pour garantie la protection des chefs du désert.

« Mais au mois de juin dernier, après le demi-succès de la mission du colonel Flatters à l'est, sur la route de Rhat, où l'expédition avait été entraînée par ses guides, je me suis vu presque seul, avec M. Lucet dans la commission supérieure, à protester avec énergie contre toute tentative dirigée à l'ouest sur le Hoggar, dont les tribus sont d'autant plus farouches et indomptables, qu'elles se mesurent journellement avec les Maures du désert marocain et les Touaregs noirs du Sud.

« J'avais assez vécu dans l'extrême sud de l'Algérie et assez couru le désert au sud de Ouargla avec les chasseurs d'autruches, pour savoir que le passage n'était pas encore ouvert, comme le pensait le général Colonieu (séance du 28 juin 1880) et qu'une troupe, fût-elle de 300 hommes bien armés, serait vite anéantie, au lieu de passer impunément partout comme le croyait le malheureux colonel Flatters (séance du 23 juillet 1879).

« J'étais d'autant plus ému, qu'il ne s'agissait plus ici d'un explorateur isolé comme Soleillet ou Largeau, risquant son existence, mais d'une expédition ayant à sa tête un état-major de jeunes gens, tous officiers de l'armée ou ingénieurs, pleins d'avenir, d'ardeur et d'enthousiasme, dont la mort devait engendrer de si pesantes responsabilités.

« La tâche aujourd'hui est devenue lourde, mais la traversée du désert est une œuvre assez belle pour tenter encore bien des hommes fiers de marcher sur les traces de Duveyrier et prêts à tomber comme le colonel Flatters et tout son jeune état-major sans reculer devant la mort.

« Mais la mission du colonel Flatters anéantie, l'hésitation n'est plus permise — notre honneur est engagé.

« Après cinq échecs sur six tentatives d'explorations, nous ne pouvons plus reculer. Nous devons à tout prix reparaître dans le désert, la tête haute, d'une façon ou d'une autre :

« Ou à la tête de nouvelles colonnes expéditionnaires comme celle du général de Galliffet à El-Golea en 1873, qui devraient être formidables pour ne pas échouer, ou en nous avançant simplement, mais plus sûrement avec des bandes de Touaregs alliés, sous la protection même d'Itaren, le chef du Hoggar, pour aller chez les Kel-Owi recueillir les débris de l'expédition du colonel Flatters, et même descendre plus au sud.

« C'est pour remplir cette mission, pour aller dans le Hoggar traiter avec Itaren et descendre avec lui jusqu'à Asiou, que je viens, Monsieur le Ministre, me mettre à votre disposition et vous demander de me confier la direction des explorations au sud de Ouargla et l'organisation, à Ouargla, des goums de Touaregs alliés, dont l'agha Ben-Driss et moi avions parlé à la commission supérieure du Transsaharien, et qui seuls peuvent servir d'escortes sûres à nos ingénieurs et nous ouvrir toutes les routes du désert. »

Louis SAY.

Enseigne de vaisseau (R. C.).
Membre de la Commission supérieure du Transsaharien.

« La demande de M. Louis Say nous montre que ce ne « sont jamais les hommes qui nous manqueront pour « accomplir les grands devoirs patriotiques ; mais il faut « savoir les utiliser. La difficulté est tout entière, comme « nous l'indiquions il y a quelques jours, dans la marche « à suivre pour ouvrir le désert à notre action politique « d'abord et à nos ingénieurs ensuite.

« Rien de durable, rien de pratique, rien d'efficace ne « sera jamais exécuté si nous ne faisons de Ouargla la « plus centrale et la plus riche de nos oasis du Sud, une « base permanente d'opérations pour tous nos travaux « dans le massif montagneux du Hoggar.

« C'est à Ouargla que nous pourrons établir avec les « Touaregs les relations qui nous sont indispensables si « nous voulons parcourir le Sahara. Ces relations sont « possibles. Nous ferons remarquer à ce sujet que les dix « Touaregs Hoggar donnés au colonel Flatters par Itaren,

« pour l'accompagner au delà des limites de son comman-
« dement se sont fait tuer en défendant la mission.

« Nous rappellerons aussi que c'est à un Touareg, au « guide de Duveyrier, au cheik Othman, que nous devons « la carte merveilleuse que nous possédons sur le Sahara « central.

« Ouargla doit devenir le point de départ des explo- « rations et le centre d'une action politique continue sur « les populations du désert reliées au nord de Biskra et à « Laghouat par des lignes télégraphiques et au sud, en « rapports journaliers avec les grands centres commer- « ciaux et politiques du Sahara, comme le voulait M. Say « déjà en 1877 dans ses rapports au général Chanzy.

« Ce n'est qu'à cette condition que nous pourrons jeter « les yeux d'une façon sérieuse sur le bassin du Niger, « poursuivre les études du Transsaharien et faire la « lumière sur le drame sanglant qui vient de coûter la « vie à huit officiers, en portant à notre autorité une « atteinte dont nous devons effacer promptement la « trace. »

Voici la réponse de M. le Ministre des Travaux publics :

MINISTÈRE
DES
TRAVAUX PUBLICS
—
DIRECTION GÉNÉRALE
DES
CHEMINS DE FER
—
DIRECTION
DE LA CONSTRUCTION
—
1re DIVISION
—
1er BUREAU
—

Paris, le 16 avril 1881.

Monsieur, par une lettre en date du 7 avril 1881, vous demandez à être chargé de diriger les explorations à entreprendre au sud de Ouargla pour recueillir les dépouilles de la mission de M. le colonel Flatters, et de négocier un traité avec le chef des Touaregs du Hoggar.

A la première nouvelle du désastre de la mission de M. le colonel Flatters, j'ai convoqué une des sous-commissions de la commission supérieure des communications transsahariennes. Cette sous-commission a été d'avis qu'aucune mission nouvelle ne devait être organisée tant que des renseignements plus précis et plus sûrs ne seraient pas parvenus sur le sort de celle qui aurait été anéantie.

Tout en vous remerciant de votre offre de concours, je crois devoir, conformément à l'avis de la sous-commission, ajourner toute décision relativement aux mesures à prendre pour les explorations qu'il pourrait y avoir lieu d'entreprendre ultérieurement.

Recevez, Monsieur, l'assurance de ma considération.

Le Ministre des travaux publics,
Signé : SADI CARNOT

AFRIQUE DU NORD. — DÉSERT DU SAHARA. — TOUAREGS.

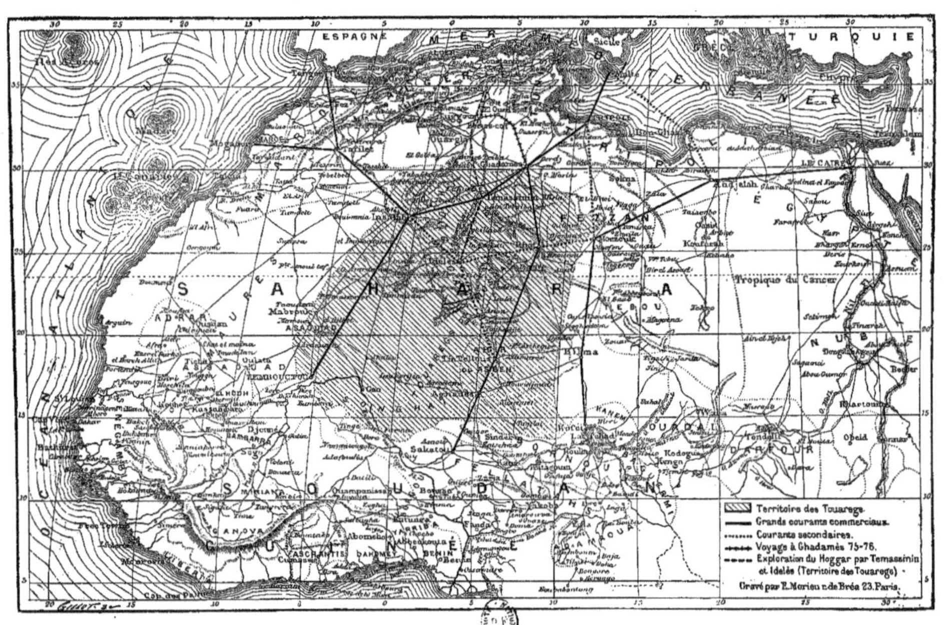

CARTE DES COURANTS COMMERCIAUX DU BASSIN DU NIGER A LA MÉDITERRANÉE.
TERRITOIRE DE PARCOURS DES TOUAREGS.
ASIOU (Latitude, 21° N.; longitude, 5° E.), PUITS OU FUT MASSACRÉE LA MISSION FLATTERS, LE 18 FÉVRIER 1881, PAR LES TOUAREGS.

CAMP DES TOUAREGS A RHADAMÈS. — EXPLORATION DE MM. V. LARGEAU, G. LEMAY, FAUCHEUX, L. SAY (1875-1876).

LE SAHARA A TEMASSININ. — TOUAREGS DU NORD.

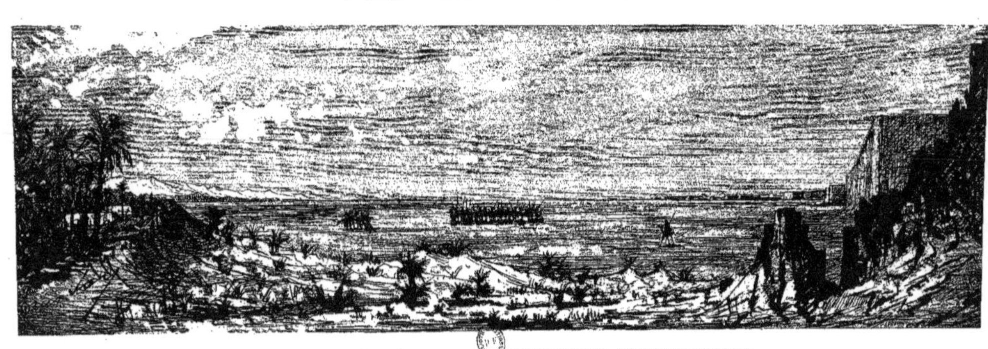

ZAOUÏA DU CHEIKH OTHMAN
(Puits artésien.)

DUNES
(Premiers contreforts du Hoggar.)

(18 MAI 1877) ARRIVÉE DE M. SAY AVEC LES TOUAREGS MOHAMMED, DEHANNA, ABD-EL-AKEM ET LE CHAAMBI SEHIR
QUI DEPUIS S'EST TROUVÉ COMPROMIS DANS LE MASSACRE DE LA MISSION FLATTERS, ET A ÉTÉ LUI-MÊME TUÉ PAR LES TOUAREGS EN 1883.

LES TOUAREGS

TOUAREGS DU HOGGAR, CAPTURÉS A EL-GOLÉA PAR LES CHAAMBAS DE METLILI EN AOUT 1876, AMENÉS PRISONNIERS A ALGER, PUIS RELACHÉS — DEUX MOIS APRÈS, ÉTAIENT COMPROMIS DANS LE MASSACRE DES RR. PP. BOUCHARD, PAULMIER, MENORET.

(A la Zaouïa de Temasseinin, le 25 mai 1877, je vis arriver deux Touaregs. C'était deux de ces hommes, les deux de gauche de la gravure, le vieux Chaffaô et Irmonbi, le plus jeune des cinq. Ils furent très courtois à mon égard et, même prévenants, mais discrets et sobres de détails sur cette affaire. «... Les missionnaires avaient été trop pressés d'entrer à Aïn-Çalah... s'étaient montrés durs et hautains... de là, propos blessants... altercations... un domestique arabe rudoyé... un Touareg frappé... Oh alors bruit et Kalabalik dans le campement... puis plus rien... les Touaregs avaient sellé leurs meharis et avaient disparu dans la direction du sud... ils avaient filé droit devant eux, ne s'étaient pas retournés... depuis ils n'avaient pu savoir ce qui était advenu dans la dune, le sable étant muet... »)

DE OUARGLA A TEMASSININ (mai-juin 1877).

GRANDES DUNES ET SOURCE DE AÏN-TAÏBA
(Limite sud de l'Algérie et entrée du territoire des Touaregs du Nord).

OUARGLA (18 février 1879).

AUTRUCHES DU HOGGAR PRISES PAR LES TOUAREGS ET ENVOYÉES A M. SAY PAR LES CHEFS DE AÏN-ÇALAH.

(Le colonel Flatters se trouvait à Ouargla le 5 février 1879, quand vint le courrier annonçant l'arrivée de ces autruches. Le colonel donna un louis de gratification à l'Arabe, monta lui-même à la Kasbaa me transmettre la nouvelle et me dire combien il était enchanté de me voir enfin entré en rapports directs avec les chefs de Aïn-Çalah et les Touaregs du Hoggar...... 24 mois plus tard, presque jour pour jour, le colonel Flatters et toute sa mission étaient massacrés, par les Touaregs, au pied même du Hoggar. — A Paris, l'influence de M. Godin de Lépinay, ingénieur en chef des Ponts et Chaussées, le mirage d'une retraite brillante, la perspective de se voir, à son retour, nommer membre du Conseil d'administration du chemin de fer Transsaharien, lui avaient fait tourner la tête et complètement oublier que, tout compte fait, pour pénétrer chez les Touaregs, le procédé des autruches pouvait peut-être avoir du bon.)

COLONIAL-CLUB (*)

ET

MINISTÈRE DES COLONIES

La grandeur des empires se mesure au rayonnement comme la grandeur des astres (JULES DUVAL, *Émigration*, 1862).

Le *Colonial-Club* a décidé la création d'une section de Géographie, nous en sommes d'autant plus heureux que nulle part ailleurs nous n'eussions pu trouver, déjà groupés, autant d'éléments favorables aux idées de voyage et d'excursions lointaines que nous préconisons comme le complément essentiel de l'éducation de la jeunesse riche et instruite, et comme seul germe réel, pour le reste de la Nation, d'un mouvement général d'expansion à l'étranger.

Le *Colonial-Club* a tellement compris qu'il y avait là tout un mouvement à engendrer et à diriger qu'il ne lui suffit plus d'avoir voulu offrir l'hospitalité au monde géographique, mais qu'il a déjà arrêté tout un plan d'extension et décidé en principe la construction prochaine d'un Hôtel comprenant :

— Salle des Armes et des Souvenirs de voyages,
— Bibliothèque coloniale,
— Salons de l'Indo-Chine, du Congo, de Madagascar, et du Sénégal.
— Galeries de l'Algérie et du Maroc.

Un hôtel, en un mot, dont l'aménagement particulier soit un enseignement parlant et dont chaque pierre nous rappelle incessamment quelque but à atteindre quelque part dans le monde, pour le développement des intérêts français.

Le *Colonial-Club* est résolu, du reste, à seconder nos efforts d'autant plus énergiquement que les événements se précipitent, que les faits s'aggravent, que les difficultés commerciales se multiplient et que, seule, l'étude des questions coloniales et extérieures peut permettre aux nations Européennes de transformer en action féconde des malaises qu'un rien pourrait changer en crises sociales.

Voyez ce que fait l'Allemagne dans les mers de Chine, et la Russie en Asie ; entendez ce qui se dit en Angleterre, écoutez les discours prononcés ces jours derniers même en France :

— Le 13 mars, au Sénat, discours du **comte de Saint-Vallier** :

« Nous traversons à l'heure actuelle une crise économique très « grave dont notre pays souffre cruellement..... Je veux parler de « nos exportations à l'Étranger.

« Il est certain que les exportations de la France ont diminué « depuis quelques années dans des proportions alarmantes et ten- « dent à diminuer encore. — Il faut en rechercher les causes, ainsi « que le remède à appliquer au mal.

— Le même jour, Réponse de **M. Challemel-Lacour**, ministre des Affaires étrangères :

« Une nation telle que la France ne saurait, sans s'affaiblir, re- « noncer à exercer au dehors une influence que les peuples ont été « si longtemps accoutumés à respecter.

« Il lui serait d'autant plus difficile, il serait d'autant plus « dangereux pour elle de renoncer à l'heure qu'il est à cette in- « fluence que le bruit de ses revers, aussi éclatant que l'avait été « celui de sa gloire, a donné à ses adversaires de toute nature l'oc- « casion de proclamer jusqu'aux antipodes que la France est dé- « chue, affaiblie, presque sans remède, ou du moins pour longtemps « amoindrie, et qu'elle serait désormais hors d'état de maintenir ou « de reprendre au dehors l'action qu'elle avait exercée ; et ce bruit « a disposé les populations éloignées, perdues aux extrémités du « monde..., ce bruit les a disposées, dis-je, à accueillir ces exagéra- « tions et à chercher ailleurs l'appui qu'elles étaient habituées à « demander et à trouver chez nous. »

— A la Chambre syndicale des Négociants-commissionnaires. Rapport de **M. E. Lourdelet** sur la situation du commerce extérieur de la France :

« Lorsque, dans un pays, le commerce d'exportation est prospère, « lorsqu'il s'étend, lorsqu'il grandit, on peut dire sans crainte de « se tromper que son industrie progresse, que son agriculture est « en plein essor, que ses arts florissent.

« ..... Nos produits ne trouvent plus à l'étranger l'écoulement « d'autrefois. Nous y rencontrons, en effet, des adversaires redou- « tables et dangereux. Parmi eux l'Allemagne, qui copie nos pro- « duits, imite nos étiquettes et trouve parmi les nombreux

(*) Le *Colonial-Club* fut considéré par M. Camescasse, préfet de police, comme devant être un club politique et il ne fut pas possible de mettre ce projet à exécution.

« émigrants qu'elle voit chaque année s'éloigner de son sein un « marché tout prêt pour ses marchandises, marché qui s'étend « ensuite aux populations indigènes envahies par son émigration. »

— A la Chambre de commerce à Nantes, Rapport de **M. Fleuriot**, négociant commissionnaire :

« Aux Antilles, les importations de produits américains vont « toujours croissant. — On ne demande presque plus rien à la « France, — par suite plus d'aliment pour la navigation qui passe « aux mains des étrangers.

« Nos colonies des Antilles, de la Guyane, de la Réunion tirent « les conserves et le lard d'Amérique, les chaussures de Vienne, « la bière, la bimbeloterie, la verrerie d'Allemagne, les bougies, les « liqueurs de Hollande, les fers et la chaudronnerie de Belgique, la « quincaillerie et les tissus d'Angleterre.

« Que reste-t-il pour la France?

« Tandis que le Parlement vote des primes à notre marine mar- « chande, celle-ci voit le fret colonial lui échapper chaque jour « davantage. »

— A la Chambre syndicale des Négociants-commissionnaires, Rapport de **M. E. Lourdelet** :

« Nos consuls sont généralement des hommes politiques ne don- « nant au commerce qu'une attention insuffisante ; ils ont peu de « rapports avec leurs administrés et ne fournissent pas tous les « renseignements qu'on est en droit d'attendre d'eux.

« Les consuls anglais, au contraire, ne cessent d'encourager leurs « nationaux. Ils leur donnent aide et protection, instruisent leur « gouvernement des besoins et des ressources du pays où ils sont. « Aussi voyons-nous l'Angleterre conserver la suprématie com- « merciale.

« L'Allemagne suit en cela l'exemple de l'Angleterre, et nous de- « vons attribuer en partie le chiffre ascensionnel de ses exporta- « tions à la compétence de ses agents à l'Étranger. »

— Le 27 mars, à Lyon, au banquet des Économistes, discours de **M. Léon Say** :

« Il est évident que l'ouvrier est le premier intéressé à ce que « l'industrie grandisse, à ce que son développement soit de plus en « plus considérable. — C'est donc du côté du développement de « l'industrie, du développement des débouchés que nous pourrons « trouver la solution aux embarras économiques dans lesquels nous « nous trouvons.

« La difficulté des débouchés est très considérable. Il est bien « certain que nous nous trouvons dans une situation difficile. Il y a « une politique qui ne s'occupe pas beaucoup du dehors, qui ne « s'intéresse pas à ce qui se passe au delà des frontières et qui ne « se préoccupe pas assez de la conservation de notre situation exté- « rieure ; c'est là un tort, c'est un grand malheur qui peut avoir les « conséquences les plus funestes..... Nous devons soutenir cette « politique qui consiste à avoir les yeux sur toutes les parties du « Monde..... »

« ..... On a dit que la Grande-Bretagne avait une plus grande « Bretagne que la Grande-Bretagne ; nous aussi nous avons une « plus grande France que notre France..... »

— Le 28 mars, au Banquet de la Chambre de commerce de Lyon, discours de **M. Léon Say** :

« En terminant, j'insisterai encore sur la question des débou- « chés..... Il y a une tendance de certains esprits à se désintéresser « de ce qui se passe au delà de nos frontières, — c'est là une erreur « déplorable, parce que c'est vouloir la diminution de la France. « La France est grande, en effet, à l'intérieur et à l'extérieur. Si « nos relations commerciales diminuent, la France diminue égale- « ment.

« Je n'entends pas qu'il faille soutenir le prestige de la France « par des expéditions militaires, mais nous devons avoir une poli- « tique coloniale très claire et très nette.

« Nous devons dire à nos rivaux quels sont nos droits reconnus « par les traités, nous devons assurer une protection efficace à nos « nationaux partout où ils portent le nom et les choses de la « France.

« Il y a des cabinets qui peuvent tomber et d'autres qui peuvent « se former sur ces questions importantes.

« Il est important que l'on sache que nous soutiendrons les cabi- « nets qui s'occuperont de ces questions et qu'ils ne seront pas « soutenus par nous s'ils les abandonnent.

« C'est ainsi, je l'espère, que nous soutiendrons énergiquement « nos intérêts coloniaux dans le Nord de l'Afrique, qu'on s'efforcera « d'établir notre protectorat en Tunisie, comme on s'efforcera de « l'agrandir dans les mers de l'extrême Orient. »

— Le 13 mars, au Sénat, Discours de **M. Challemel Lacour**, ministre des Affaires étrangères :

« Il n'est pas permis non plus de songer à une conquête du Tonkin « qui ne présenterait certes pas de grandes difficultés, mais qui se- « rait absolument stérile.

« Mais, surtout ce qui est absolument inadmissible, c'est que « nous persistions dans la politique inconsistante, irrésolue que « nous avons malheureusement pratiquée depuis vingt ans.

« Il n'est pas douteux que nos efforts intermittents, partiels, sans « aucun résultat durable, que nos apparitions victorieuses suivies « bientôt d'une retraite hâtive ont donné lieu de croire dans tout « l'Orient que nous n'avons point de vues arrêtées, que nous agissons « beaucoup trop au gré des événements.

« Le 24 mars, à l'Université de Glascow, discours de **sir John Bright** :

« Depuis deux siècles, nous avons marché sur les traces de César « et nous avons docilement suivi l'exemple de la Rome païenne. « Quand chercherons-nous à fonder l'honneur, le véritable hon- « neur, la véritable félicité d'un peuple sur les principes inébran- « lables de la justice, de la morale et de la Paix? »

— Mémoire sur la Réorganisation de l'Égypte par l'Angleterre, adressé à *Lord Granville*, ministre des Affaires étrangères, par **Lord Dufferin** :

« Il n'y a pas lieu de trop se décourager. Mettons toute notre « confiance dans l'Esprit métamorphique du siècle. Qui dit que « sous l'action du soleil de la civilisation le Memnon Égyptien ne « rendra pas de nouveau des sons harmonieux? »

Tous ces fragments de discours si curieux par certains rapprochements entre l'Angleterre et nous, doivent être pour nous un enseignement par le contraste entre sa politique coloniale si suivie et la nôtre si décousue.

Ajoutez maintenant les dernières nouvelles de l'extérieur :

- **En Égypte**, l'armement avec des Remington et des canons Krupp de 5,000 Égyptiens encadrés par des officiers anglais;
- **Dans le Liban**, la situation plus tendue que jamais entre les Druses soutenus par Sir A. Layard et les maronites catholiques protégés par la France ;
- **Au Maroc**, en face de Gibraltar et au-dessus de Ceuta, la Construction par le Génie anglais d'un second Gibraltar sur le Rocher des Singes;
- **A l'embouchure du Congo**, les revendications du Portugal sur les 80 lieues de côtes comprises entre le 5° et le 8° de latitude sud ;
- **A Tripoli**, la nomination comme consul général d'Allemagne (sur notre frontière de Tunisie) du docteur Nachtigal à qui, en 1876, la Société géographique de Paris décernait sa « grande médaille d'or » au nom de la Géographie scientifique, au nom de la Science pure ;
- **A Bruxelles**, l'organisation, sous les ordres de M. Thevdor Westmar et de deux officiers suédois d'une nouvelle expédi-

tion militaire pour aller sur le Congo renforcer la Mission de sir Henry Stanley que la Société de Geographie de Paris, en 1878, récompensait encore de sa « grande médaille d'or, » toujours au nom de la Science pure, et qui, aujourd'hui, à Stanley-Pool, attend P. de Brazza de pied ferme;

— Le 21 Mars, le départ des membres et du matériel de la Mission de Brazza sur le « **Sénégal**, » le « **Précurseur**, » le **Papillon** » et l' « **Orénoque**; »

— Enfin au **Tonkin** l'action engagée.

Ne sentez-vous pas que, là encore, dans ces dernières nouvelles, il y a certains rapprochements, certains contrastes, certains imprévus suffisants pour nous montrer que le temps presse et que les questions coloniales touchent de trop près à nos préoccupations les plus chères pour être éternellement reléguées au second plan.

Le *Colonial-Club* l'a senti, comme nous, avec la même amertume et avec la même émotion, et il s'est formellement promis de faire tous les sacrifices pour contribuer au Réveil colonial qui se produit en France et dont le développement est le but que nous nous sommes fixé.

Et, que l'on s'y trompe pas, le « Cercle géographique » dont nous avions projeté l'exécution au lendemain du massacre de la mission Flatters aura plus de portée qu'on serait tenté de le croire de prime abord.

Pour en faire bien saisir le but, l'utilité et l'avenir nous nous bornerons à répéter mot pour mot ce que nous disions le 28 janvier en jetant un regard rapide sur la multiplicité des questions coloniales qui préoccupent l'Opinion publique et que toute la Presse suit, discute et étudie, avec tant de talent et tant de patriotisme, sans distinction de nuances et de partis.

De tous les côtés, au cœur de tous les continents, comme sur toutes les côtes et toutes les mers, nous voyons flotter notre pavillon; mais aussi notre sang couler.

La liste serait longue s'il nous fallait énumérer tous les problèmes coloniaux à résoudre et toutes les expéditions, missions, tentatives commerciales, explorations, escarmouches, razzias même, où, à l'heure présente, nous nous voyons engagés, pour la défense, de nos intérêts et dont le nombre prouve, une fois de plus, le génie aventureux de la France :

— **En Tunisie** : L'occupation militaire, le protectorat, l'abolition des Capitulations avec le général Farre, M. Ferry, M. Cambon, etc.

— **En Algérie**: L'éternel conflit entre le Régime civil et le Régime militaire; l'extension des territoires civils avec M. Albert Grévy; la question des Terres avec M. Tirman; le Transsaharien; la mer Intérieure du commandant Roudaire; les insurrections dans le Sud; l'incendie des forêts à Constantine, etc...;

— **Aux Indes** : Le Rappel du Gouverneur, M. Drouhet; la situation politique et sociale des Indous français, etc...;

— **Au Gabon** : Les explorations du Haut-Ogowé et du Gongo; les nouvelles villes fondées; les agissements Anglais sur la côte, le conflit Brazza-Stanley; l'affaire des Iles Munda de M. Augé; les missions françaises, etc...;

— **En Cochinchine** : Le Rappel du Gouverneur, M. Lemyre de Villers; le Protectorat français au Cambodge, sur le Royaume de Siam, au Tonkin; le gouvernernement civil, les Pouvoirs militaires, etc...;

— **Au Sénégal** : Le chemin de fer de Dakar à Saint-Louis; la colonne Borgnis-Desbordes dans le Haut-Fleuve. — La démission du gouverneur, M. le commandant Vallon, etc...;

— **Aux Rivières du Sud** : Les missions Bayol, Saderval, Gallieni, au Fouta-Djallon et dans le bassin du Niger; les affaires des Scarcies, Matakong, Dolos, etc...;

— Et Suez, Corinthe, Panama; et à Madagascar, en Egypte, à Terre-Neuve, à Raïatea; et en Tripolitaine, et au Maroc sur les frontières de l'Algérie, etc...

Partout, enfin, dans le Monde entier, dans les glaces, sous les tropiques, au Cap Horn avec la *Romanche*, dans le Pacifique avec la *Junon*, nous retrouvons des Français et nous voyons nos compatriotes toujours avec le même esprit d'entreprise et d'aventure travaillant, cherchant, se sacrifiant pour leur pays ou pour des idées.

Et dans ce combat de tous les jours, pour la Science, pour la Patrie, pour l'Humanité, toutes les branches de l'activité nationale sont largement représentées.

C'est le champ de bataille, immense et beau, où luttent avec tant d'enthousiasme, tant de persévérance et tant d'abnégation nos marins, nos officiers d'infanterie de marine, nos ingénieurs, nos médecins, nos consuls, tous ces jeunes gens instruits et ardents que nous donnent :

L'École navale de Brest le « **Borda**, »
Saint-Cyr,
L'École Polytechnique,
Nos Facultés de médecine,
L'École centrale des Arts et Métiers, etc...,

écoles admirables, pépinières merveilleuses d'où sort tout un État-major administratif de premier ordre marchant en tête de notre expansion au delà des mers, et traçant la voie à nos armateurs, à nos négociants, et à nos colons.

Et cependant de notre immense Empire colonial qui en 1750 comprenait :

— Les Indes,
— La Louisiane,
— Le Canada,

que Richelieu et Colbert mirent deux siècles à édifier, que nous reste-t-il?

— **13 Ilots** disséminés sur les mers, comme la Réunion, Miquelon, Mayotte, la Désirade, Taïti, Nouméa... qui semblent bien peu de chose à côté de Gibraltar, Malte, Aden, Maurice, Hong-Kong, ces escales et ces jalons, formidablement armés, que l'Angleterre a échelonnés sur la route de la Chine, de l'Australie et des Indes;

— **9 Comptoirs** abandonnés, comme Mahé, Yanaon, Karikal, Kotonou, Benty... enclavés dans les possessions britanniques et acculés à la mer;

— **3 Deltas de fleuves malsains** : Cayenne, Saïgon, Saint-Louis du Sénégal, où la dysenterie décime nos troupes;

— **L'Algérie**, où depuis 1830, depuis Bourmont jusqu'à M. Tirman, nous avons usé trente gouverneurs, où nous comptons avec orgueil des pléiades de généraux illustres comme Bugeaud, Bousquet, Bedeau, Lamoricière, Chanzy, mais où nous n'avons su ni engendrer la colonisation, ni utiliser les indigènes et que nous n'avons même pas l'esprit de couvrir de voies ferrées quand nous la voyons manquer de fleuves ;

— et enfin le **Gabon**, où, comme de grands enfants, nous donnons à des villages de l'intérieur les noms pompeux de *Franceville* et de *Brazzaville* pendant que nous laissons les factoreries anglaises se multiplier sur toute la côte au Fernand-Vaz, à Mayumba, à Kabenda, à Banana-Creek, et les Belges de Stanley traiter avec les chefs noirs à Killiu[1].

— Ni but déterminé pour notre politique coloniale ;

— Ni direction arrêtée pour notre expansion ;

— Dans les sphères gouvernementales, jusqu'ici peu d'idées apparentes sur l'utilité des établissements d'outre-mer ;

— Dans les pouvoirs militaires que rivalités et tiraillements honteux ;

— Dans les bureaux des ministères que dédain et mépris pour la Presse et l'Opinion publique;

Aussi tout le monde, en France, parfaitement étranger à ce qui se passe aux colonies, et de là partout des hésitations, des demi-mesures, des échecs et de tous les côtés des surprises :

— Dans le Hoggar : les Touaregs anéantissent la mission Flatters ;
— A Moghrar : les Doui-Menia et la mission Pouyanne ;
— Au Sénégal : levée en masse des noirs de Ségou contre le colonel Desbordes ;
— Dans le Sud oranais : la colonne de Castries rompue au chott Tigri ;
— Sur l'Alima : les Batékés attaquant le lieutenant de vaisseau Mizon ;
— A Saïda : les Oulad-Sidi-Cheikh et Bou-Amena ;
— En Tunisie : les Kroumirs ;
— A Bamakou : le commandant Gallieni aux prises avec les Bambara et les Tou-Kouleurs ;
— A Hanoï : les Pavillons noirs bloquant le commandant Rivière.

Bref, rien que l'imprévu et le désarroi, quand l'empire colonial Anglais, dans sa marche ascendante vers les sommets neigeux de l'Hymalaya, est devenu le plus vaste royaume du monde.

L'Angleterre a su fonder de véritables Empires : les Indes, les États-Unis, le Cap, l'Australie, *et il ne nous reste*, sauf l'Algérie, *que des Comptoirs sans vitalité*, bientôt tous réduits au rang de Grand-Bassam, Assinie, Boké, Porto-novo.

1. C'est pour réparer cette faute et obtenir la cession de Killiu à la colonie française du Gabon que M. Valdeck-Rousseau, ministre de l'Intérieur, s'est vu dans la nécessité d'autoriser l'Association belge à émettre en France pour vingt millions de francs de billets de loterie destinés à former une première ressource budgétaire pour l'État libre du Congo.

Et c'est pour en arriver là, que nos marins et nos hommes d'État auront lutté pendant cinq siècles, depuis les premiers aventuriers normands qui doublèrent les Canaries en 1502, depuis le Florentin Verazzano envoyé sur les côtes d'Amérique, en 1525, par François Ier, jusqu'au comte romain Pietro Savorgnan di Brazza qui arrive du Congo ?

C'est pour en arriver là, que Coligny et Henri II envoyèrent Villegagnon au Brésil (1548) et Jean Ribault en Floride (1550) ; qu'Henri IV nomma le Breton de la Roche lieutenant général du Canada, fit explorer le Saint-Laurent par Champlain et fonda la première Compagnie des Indes orientales en 1604 ?

C'est pour en arriver là, que Richelieu, en 1626, créa le premier Ministère de la Marine et du Commerce, noua des relations avec l'Algérie et le Maroc, établit des Consulats en Orient et en Perse, fonda des Comptoirs à la Guyane, au Sénégal, sur la Gambie, et envoya Ricault à Madagascar, en 1642, ériger le fort Dauphin ?

C'est pour en arriver là, que Colbert, en 1660, fit des ports francs de Bayonne, Dunkerque, Marseille ; fonda l'Inscription maritime, racheta la Guyane et les Antilles et créa des Comptoirs à Surate, Batam, Java, Pondichéry et Chandernagor ?

C'est pour en arriver là, que Choiseul, en 1768, envoya le Bailly de Suffren dans le golfe du Bengale, acheta la Corse pour dominer la Méditerranée et que, sous Louis XVI, Bougainville et La Pérouse, glorieux émules de Cook, firent le tour du monde ?

C'est pour en arriver là, qu'en pleine Révolution, l'Assemblée Constituante supprima le Code noir (28 mars 1790) ; que la Convention abolit l'esclavage le 21 juin 1793, envoya Hugues à la Guadeloupe ; que le Directoire entreprit l'expédition d'Égypte, si brillante à ses débuts, et que le Consulat, par le traité d'Amiens, 1802, nous rouvrit l'Océan ?

C'est pour en arriver là, que Napoléon et Decrès envoyèrent Decaen dans l'Indoustan, relevèrent la Martinique et luttèrent contre la puissance maritime de l'Angleterre jusqu'à Trafalgar (1805) ?

C'est pour en arriver là, que Bourmont, en 1830, débarqua à Sidi-Ferruch ; qu'en 1859 Rigault de Genouilly prit Tourane et Saïgon ; qu'en 1862, nos marins avec leurs amiraux Page, Bonard, de la Grandière, Dupré, firent flotter notre pavillon sur les citadelles de Bien-Hoa et de Mytho, gardées par les palétuviers du Mé-Kong ?

C'est pour en arriver là, et voir en 1883, les droits de nos pêcheurs méconnus sur les bancs de Terre-Neuve, nos frontières violées aux Scarcies et notre Pavillon retiré de Raïatea, que depuis la République, depuis treize ans, nous dépensons 204 millions par an pour nos Escadres d'évolution, nos stations navales, nos arsenaux de Cherbourg, de Brest, de Toulon, l'École de Tir de Lorient, et les Torpilles de Boyardville ?

C'est pour en arriver là, enfin, et, au bout de sa carrière, nous laisser *sans prestige dans les Échelles du*

Levant et *expulsés d'Égypte* par Wood et Baker-Pacha campés au pied des Pyramides de Bonaparte, que de Lesseps aura percé le canal de Suez ?

Toute l'énergie de nos compatriotes, depuis de Bethencourt, de la Salle, Denis d'Honfleur, Ango de Dieppe, Belain d'Ernambuc, Iberville, jusqu'à Martin, Dupleix, Labourdonnais, Champlain, La Galissonnière, Montcalm et Vaudreuil, et jusqu'aux généraux d'Afrique Clauzel, Drouet, Damrémont, Négrier, Valée, Cavaignac, Changarnier, Randon, Mac-Mahon, Pélissier, d'Aumale, Desvaux, Chanzy, tout leur patriotisme et tout leur sang n'auront donc servi à rien qu'à nous laisser un empire colonial démembré et mourant, n'ayant d'égal que l'empire colonial de l'Espagne, et dont rougiraient la Hollande et le Portugal.

Mais c'est donc une loi fatale !

Il n'y a donc rien à faire !

La France ne doit donc jamais pouvoir coloniser, ni même vivre indépendante et puissante, et il ne nous reste donc plus, après avoir perdu, bribes par bribes, toutes nos colonies, morcelées par l'Angleterre, qu'à nous laisser sur le continent, enlever par l'Allemagne la Champagne, après nous être vu ravir l'Alsace-Lorraine !

Ah ! nous protestons.

Nous protestons haut et ferme, nous protestons de toute notre énergie, non pas au nom de Richelieu et Colbert, mais au nom de ceux que, tous, nous avons vus mourir et dont le sang fume encore au pied du Hoggar, ou sur les bords de l'Amazone.

Nous protestons au nom de Flatters, pas encore vengé, au nom de Masson, Dianous, Dennery, Guiard, Roche, Saintin, Béringer massacrés le 18 février 1881 au puits d'Asiou, et des 83 Arabes tués en les défendant.

Nous protestons au nom de Pobéguin que nous avons vu râler, agonisant, dans le désert et succomber sans avoir revu Ouargla, ni sa kasba blanche.

Nous protestons au nom de Crevaux, percé de flèches sur le Pilcomayo, le 19 avril dernier : au nom des RR. PP. Richard, Paulmier, Bouchard, Menoret poignardés par les Touaregs à Rhadamès et à Mettili (1876) et au nom d'Arnoux, assassiné à Obock par les Danakils.

Nous protestons au nom de tous ceux qui vivent encore mais seront peut-être égorgés demain : Mizon sur l'Alima, Ballay dans l'Ogowé, le sergent Mallamine sur le Congo, Rivière à Hanoï, et de Brazza qui repart et va, pour la troisième fois, *descendre dans l'arène,* avec vingt-cinq compagnons[1].

Nous protestons au nom de tous ces hommes, d'audace et de cœur, dont la suprême consolation, en tombant, est de jeter un dernier regard vers la France qui les oublie si vite.

Nous protestons enfin au nom de l'Opinion publique lasse et inquiète — lasse de voir tant de forces, de jeunesse, d'ardeur, d'énergie, d'enthousiasme, gaspillés, perdus, et inquiète de notre avenir colonial qui lui apparaît menacé et plein d'alea.

1. Que sont devenus ces 25 jeunes gens?

Ce n'est pas pour rien et sans raisons que nos premiers ministres, MM. Gambetta, J. Ferry, de Freycinet, Duclerc, se sont montrés ces temps derniers si préoccupés, sans trop oser l'avouer, de notre situation coloniale.

Ah ! nous comprenons que le Parlement soit effrayé et veuille qu'on lui rende compte du sang versé, lui à qui l'on demande éternellement des crédits allant s'engouffrer aux puits d'Asiou ou dans les sables du Niger.

— Que sont devenus les 1 420 000 francs donnés pour le Transsaharien ?

— Où sont les 16 millions[1] alloués pour le chemin de fer du haut Sénégal ;

— Où vont aller les 1 200 000 francs votés le 20 décembre dernier, pour le Congo?

Des crédits, toujours des crédits, — mais des expéditions entreprises tour à tour, par tous les Ministères : par les Travaux publics, par la Marine, par l'Instruction publique, par les Affaires étrangères, sans jamais de direction unique et constante.

Mais aussi, le plus souvent, par des résultats et parfois des catastrophes terribles pour avertissements.

Ah ! nous comprenons que la Presse se révolte et que l'opinion publique désillusionnée demande énergiquement la création d'un Ministère indépendant, qui prenne, une bonne fois dans ses mains, la haute direction de toutes ces expéditions, les fasse diriger et soutenir par ses gouverneurs, et assume seul toutes les responsabilités, après avoir tracé sur la carte, au crayon rouge, la marche à suivre et le but à atteindre.

Nous avons besoin d'être renseignés et d'être rassurés.

Malgré les efforts de la Presse, malgré les articles si intéressants de MM. Simonin, Ch.-M. Limousin *(France),* Rochefort *(Intransigeant),* Delamothe, Paul Bourde, Desonnaz *(Temps),* Joël le Savoureux *(Paris),* Judet *(National),* C. Pelletan (*Justice*), Dethez (*Courrier du Soir*), Perry, Giffard (*Figaro*), Seinguerlet (*Siècle*), et vingt autres, qui tous ont étudié, ou parcouru, ou habité nos établissements coloniaux, malgré les ouvrages remarquables de MM. Paul Leroy-Beaulieu, Jules Duval, E. Guillon, Gaffarel, Jacolliot, de Beauvoir, etc., etc..., sur les Colonies, nous ignorons, en somme, ce qui s'y passe.

Travaux de nos officiers, travaux de nos consuls, travaux de voyages ou d'études, tout cela entre pour n'en plus sortir, dans les cartons de la Marine, des Affaires étrangères et de la Société de Géographie, qui, malgré le dévouement de M. C. Maunoir, ne nous dit peut-être pas assez ce que font nos explorateurs et ce que deviennent nos missions scientifiques.

— Aussi ne voyant pas clairement les choses;

1. Les 16 millions sont devenus 30 millions, la voie ferrée entre Kayes et Bafoulabé n'existe pas et la canonnière démontable le « Niger, » commandée par l'enseigne de vaisseau Froger est en détresse à Bamakou sans être descendue jusqu'à Tombouctou.

— Ne sachant rien de ce qui se poursuit aux colonies;
— Et, à chaque instant, émus par la nouvelle imprévue d'une opération militaire engagée en toute hâte, nous nous demandons où l'on va.

Nous nous rappelons la Chine, le Mexique, la Tunisie, et nous restons hésitants et stupéfiés à la pensée de nouvelles guerres lointaines[1], entreprises sans bases sérieuses d'opération, sans préparation suffisante et dont l'éloignement centuple les difficultés en ouvrant la porte à toutes les surprises, comme sur le Kua-Kam avec les Chinois de Yunan cernant tout à coup nos marins, après avoir massacré le lieutenant de vaisseau Garnier et mutilé l'enseigne de vaisseau Balny, au même endroit, il y a neuf ans, à portée de canon du *d'Estrées* et malgré le dévouement du lieutenant Trentinian et des aspirants Perrin, Hautefeuille, La Péreyre et Alphonse Sevène, le troisième fils du directeur de la Compagnie d'Orléans.

En Angleterre, au contraire, l'opinion publique est, de longue main, préparée à tous les événements et à toutes les éventualités. Rappelons-nous les Poissonniers de Londres dont nous avons ri, sans remarquer qu'en sortant de leur banquet, les Hovas de Madagascar sont allés chez le prince de Galles et de là à Manchester, à Birmingham et à Liverpool.

Aussi la marche politique à suivre en 1883,

— pour la Birmanie et l'Afghanistan,
— pour le royaume de Siam et la Perse,
— pour l'Égypte et le Niger,
— pour Madagascar et l'Afrique du Sud,

est aussi mathématiquement tracée qu'elle l'était pour les Indes, en 1750, quand Lord Clive et Lawrence refoulaient Labourdonnais et Dupleix et que William Pitt, au Canada, faisait écraser Montcalm et Bougainville par les généraux Abercrombey, Amherst et Wolf qui n'avait que trente-trois ans.

Ce n'est pas pour rien que l'Angleterre a fondé toutes ses Sociétés de Géographie, l'*African Association Fund*, la *London Missonnary Society*, et même le *British Museum*, où tout est trace du passage d'un Anglais dans quelque coin du Monde;

Où tout rappelle les « coups d'audace, » de ses sportsmen, ou les « coups de maître » de ses Hommes d'État, et où nous voyons des crânes gigantesques d'éléphants, tués sur les bords du Gange par de jeunes Anglais, à côté des marbres de Lord Elgin, arrachés en 1816 à l'Acropole d'Athènes, et des collections du colonel Playfar, aujourd'hui consul général à Alger, mais qui, en 1868, planta le Pavillon anglais sur le rocher de Perim.

Ce n'est pas pour rien que l'Angleterre a eu toute cette légion étonnante d'explorateurs, de voyageurs, de souverains, de publicistes, de lords, de gentlemen, de globe-trotters, hardis, audacieux, passionnés pour les voyages, les découvertes et les colonies, depuis Lord Bacon, le premier chancelier de la reine Élisabeth, qui, en 1587, anéantit l'Invincible Armada d'Espagne et fonda la première Compagnie des Indes, jusqu'à Lord Beaconsfield, que nous avons vu terroriser Kaboul avec le général Roberts, et jusqu'à Gladstone qui vient de bombarder Alexandrie avec l'amiral Seymour, avant d'entrer au Caire avec Wolseley, le 15 septembre dernier.

Ce n'est pas pour rien que, du fameux navigateur Drake à Lord Derby, qui, au *Reform-Club* de Manchester, vient de rappeler la politique traditionnelle du Royaume-Uni, l'Angleterre a eu des hommes comme Raleight, Harriot, Carlyle, Clarendon, nous citons au hasard Washington, William Pen, Pitt, Fox, Whateley, Merivale, Peel, Wakefield, le duc de Montmouth dans le New-Hampshire, Lord Arlington en Virginie, Lord Say dans le Connecticut, Lord Brook, le comte de Warwick et mille autres qui, avec les économistes Josiah Tucker et Adam Smith en arrivèrent à démontrer, par leurs travaux et leurs études, ou en mettant eux-mêmes la main à la charrue, et en peuplant de vastes territoires :

— Qu'on ne fait pas des colonies avec des règlements militaires et des entraves administratives, mais avec des immigrants et des commerçants;
— Que pour les colonies, le premier problème à résoudre est la question des terres; témoin : la loi Torrens en Australie.
— Que le Self-government est la première des lois;
— Que les colonies doivent être des débouchés commerciaux et sociaux;
— Et que c'est là encore, grâce au commerce, la meilleure prime à la navigation et le « Fondement réel de la Puissance maritime des États. »

Aussi tous n'ont-ils eu qu'une pensée : discuter au grand jour toutes les questions coloniales, étudier les colonies, les faire connaître, en montrer l'importance, les faire apprécier, les faire aimer et y pousser toute la jeunesse anglaise à la suite des fils des plus grandes familles, y attirer les immigrants, les peupler en un mot d'éléments jeunes et vigoureux, puis les laisser grandir et devenir puissantes en leur donnant l'autonomie et l'indépendance.

Et c'est avec ces idées et ces principes, c'est par son expansion prodigieuse, que l'Angleterre en est arrivée :

— A constituer un Empire de 249 millions de sujets;
— A faire, par an avec le Monde entier, pour 37 milliards de francs d'affaires, huit fois le commerce extérieur de la France;
— A avoir pour stratégie : sur toutes les mers des ports de relâche et de solides dépôts de charbon;
— A former une « Armée coloniale » rompue à toutes les fatigues, défiant tous les climats et merveilleuse de mobilité pour garder toutes ses frontières, de la Gambie à l'Indus;
— Et enfin, à posséder une « Marine de guerre » maîtresse jalouse et sans rivale de l'Océan, plus puissante que la Houle, plus rapide que l'Albatros, pour faire, partout à la fois, d'un Pôle à l'autre, respecter son Pavillon.

C'est la lumière et le progrès que, nous aussi, nous voulons pour nos Colonies et surtout pour l'Algérie.

C'est les faire apprécier et juger que nous cherchons.

C'est dans cette pensée que Borda et Bégut de Boroges,

1. *Tonkin*. Rapport de M. C. Pelletan à la Chambre des Députés, 18 décembre 1885; et voir les séances des 22 et 23 décembre 1885.

en 1752, créèrent l'Académie de marine qui enfanta toute une génération d'officiers brillants, dispersés par la Révolution ; qu'en 1821 Barbié du Bocage et Maltebrun fondèrent la Société de Géographie de Paris; que MM. Gauthiot et Meurand constituèrent, il y a neuf ans, la Société de géographie commerciale, qui, depuis, a pris un si prodigieux développement, et que fut fondée, il y a cinq ans, la Société des Études coloniales et maritimes sous le patronage de MM. de Freycinet, Pothuau et Duclerc.

C'est enfin pour répondre au même besoin, et pour forger des hommes à la hauteur de leur tâche dans la conquête du Monde par le travail, l'activité et la probité, que M. Roy et la Chambre de commerce de Paris ont inauguré, il y a un an, l' École des « Hautes études commerciales » du boulevard Malesherbes.

C'est pour concourir au même but : faire connaître nos Colonies et les hommes qui se dévouent à leur avenir, que nous avons voulu fonder le **Colonial et Géographique-Club.**

Ce n'est pas un Institut colonial que nous voulons créer, mais un Cercle jeune, vivant et riche.

Ce n'est pas un Conseil d'amirauté s'érigeant en Tribunal suprême présidant à la destinée de nos établissements d'outre-mer, mais un Centre actif, entreprenant, où puissent se manifester toutes les initiatives et s'affirmer toutes les individualités.

Ce n'est pas une Société de Géographie, mais un vrai Club Anglais, ayant sa bibliothèque, sa salle des dépêches, ses Albums, ses collections d'armes, ses souvenirs de voyages et d'expéditions, son fonds d'explorations et sa caisse de secours.

Nous voulons un Cercle qui, comme l' « Union-Club » de New-York, soit le Quartier général où puissent se réunir et se revoir tous ces hommes de volonté et de progrès qui, officiers, négociants, artistes ou sportsmen, explorent le monde, et qui, malgré tout, et quelle qu'ait été pour eux la destinée, aiment à se retrouver et à reparler du théâtre de leurs premières expéditions et de leurs premières campagnes.

Ce que nous voulons, enfin, c'est voir se grouper en un seul faisceau, toutes les forces expansives et coloniales de la France, que nous voyons disséminées, éparses et sans Résultante.

C'est pour cela que nous voulons entrer en correspondance directe et constante avec tous nos compatriotes d'outre-mer, explorateurs, officiers de marine, ingénieurs, consuls que l'opinion publique ne soutient pas assez, et dont la Presse ne parle que quand il sont morts, et morts de mort violente, eux dont toute la vie n'est qu'une pensée : voir flotter haut le Pavillon de la Mère patrie.

Et songer à eux, serait les soutenir au milieu de leurs amertumes et de leurs déboires.

Ce sont après tout nos amis, nos collègues, nos camarades, nos parents, tous ces jeunes gens qui ouvrent le monde à la civilisation. Ce sont nos frères, nos fils, ceux qui sont tombés, ceux qui sont encore loin de nous en pleine lutte et ceux qui, revenus fatigués, malades, blessés, ruinés, sont déjà oubliés.

Eh! qu'on ne s'y trompe pas, le nombre en est grand et la liste complète en serait longue :

— **Dans le Sahara** : Largeau, Flatters, Duveyrier, Vatone, de Polignac, Mircher, Caillol, Faucheux, Crespel, Fau, Foureau, Girard, Soleillet, Richard, Paulmier, Menoret, Joubert, Dourneaux-Dupcré, Guy, Masson, Guyard, Roche, Saintin, Beringer, Brosselard, Dianous, Lechatelier, Cosson, Roudaire, Parizot, Rolland, Barrois, de Choisy, Pomel, Pouyanne, Rabourdin, Dennery, Landon, etc..., et les généraux de Gallifet Desvaux, La Croix, Colomb, Colonieu, et nos officiers des puits artésiens de Lillo, Bourot, Jus..... Enfin tous les officiers des Bureaux arabes de Djidjelli à Ouargla et de Bizerte Tlemcen ;

— **Au Mzab** : Masqueray, Trary...;

— **Au Sénégal** : Bayol, Sanderval, Gaboriaud, Ansaldi, Gallieni, Colin, Desbordes, Noirot..., les commandants de Boké, Benty, Kita, etc..., et les médecins de la marine dont 18 sont morts en 1881 pendant l'épidémie de fièvre jaune...;

— **Dans l'Annam** : Les lieutenants de vaisseau : De La Porte, Harmant, d'Harfeuille, Philastre, Renard, Fargue, Dierx...;

— **Au Tonkin** : L'ingénieur des mines, M. Fuchs, étudiant les dépôts de houille avec M. Édouard Saladin, le frère d'Henry Saladin (de Kairhouan);

— **En Birmanie** : Bonvillain et Vossion aux mines de rubis de Mandalay ;

— **Dans le Bassin de l'Amazone** : Wienner, le consul de France à Guayaquil, et Crevaux;

— **A Tripoli** : L'énergique et sympathique consul général M. Feraud qui a 35 ans de service à l'armée d'Afrique, et Gaston Lemay, le compagnon de Largeau à Rhadamès et de Biard sur la *Junon ;*

— **En Tunisie** : Les officiers attachés à la Résidence : Coyne, Pont, Lebreton, etc., etc..., les artistes, les peintres, les architectes ; Lazerge, le père des « *Biskris,* » Guillaumet, dont les « *Intérieurs kabyles* » se payent 60 000 francs, J. Bourmancé dont les études et les aquarelles sur les ruines romaines et la mosquée de Kairhouan, ont tant de finesse et de « *patte,* » etc...;

— **A Fez** : Le capitaine Erkmann, le fils d'Erkmann (Chatrian), dont la présence à la cour du sultan du Maroc est toute une légende et un roman ;

— **Au Gabon** : Ballay, Marche, Compiègne, Mizon, Augé, Delalande, de Brazza, ses 25 compagnons de route : MM. de Chavannes, de Montaignac, Michelet, Blondel, Mabru de Laborde, Decazes, Flicoteaux, de Menerville, Roche, Weintroffer, Henri Rochefort fils, Michaud, Guilher, Omnès, Crochet, le Guilhoux, Morvan, Lescop, Carton, Bescond, Guilloteau, Bonnemain, Pouplier, le Briz, Bouchel, Guilhou, et ses 130 hommes d'escorte ;

— **A Panama** : Les lieutenants de vaisseau Reclus, Bionne, N.-B. Wyse et tous leurs collègues employés aux travaux de l'isthme;

— **A Obock** : De Rivoire, Rivoil, Soleillet, Arnoux, Godin, le commandant Delagrange ;

— **Au Zambèze** : De Lastour et l'enseigne de vaisseau Giraud;

— **A Malacca** : Deloncle qui fait des sondages dans l'isthme ;

— **Au lac Copaïs** : Paul Rey ;

— **Au Choa** : Aubry et le docteur Hamon partis le 21 février avec l'*Iraouaddy ;*

— **A Kartoum** : Voission qui a rapporté de si curieuses collections ;

— **A Smyrne** : Les frères Dussaut qui ont construit le port et le nouveau quartier;

— **Au Caire** : Mougel-bey, qui a fait les barrages du Delta, Merel du *Temps;*

— **A Madagascar** : Le consul M. Ledoulx, le commandant Le Timbre et ses officiers;

— Et la *Junon*, son commandant Georges Biard, son état-major, Mollat, Blanc, Thibald, Bordas, et ses jeunes globe-trotters Allard, Courtin, de la Roullière, Rippert, de Latour, etc...;

— Et tous nos consuls : de Tamatave à Scutari et de Bankok à Lima ;

— Et tous nos officiers de Marine, ces *marins* que vous avez vus à l'œuvre dans les rues du Bourget, à Patay avec les commandants Gougeard et Gustave Besnard, à Saint-Quentin avec Faidherbe, et que nous retrouvons au lac d'Anghor, aux temples des Kmers avec de La Porte, ou étudiant la balistique avec Bretel, les moteurs électriques avec le Goarant de Tromelin, les carènes avec Rouyaux et Vigouroux; qui s'en vont au cap Horn, avec le commandant Martial sur la *Romanche*, à la recherche du pôle magnétique, ou sous le ciel de Montevideo, faire des observations d'étoiles avec le commandant Fleuriais, le premier « officiers des montres » de la marine française.

Enfin, c'est trois mille qu'il en faudrait citer.

Voilà les hommes dont nous voulons faire connaître les travaux et suivre la vie pas à pas.

Nous voulons que le *Colonial et Géographique-Club* concentre toutes les nouvelles qui les concernent et (sans les compromettre) communique à la Presse, aux journaux illustrés, leurs lettres, leurs dépêches, leurs travaux, leurs appréciations, leurs dessins, leurs croquis de route, leurs études de voyages.

Ce n'est qu'à cette condition, ce n'est qu'en vivant continuellement avec eux par la pensée, en poursuivant le même but, et en partageant les mêmes souffrances, que l'Opinion publique s'intéressera à ce qui se passe dans le Monde et surtout dans nos Colonies, et qu'elle en appréciera toutes les Ressources, toutes les Richesses et tout l'Avenir.

Ce n'est qu'à cette condition que l'Opinion publique comprendra :

— Que **le Tonkin**, de Jean Dupuis et Millot, par le Song-Koï et les passes rocheuses du Yunan, conduit au cœur de la Chine et dans le bassin du Yan-tse-Kiang aux 200 millions d'habitants;

— Que **le Sénégal**, de Faidherbe, n'a de raison d'être qu'à la condition de nous ouvrir le Bassin du Niger, de René Caillé, et les plateaux aurifères du Fouta-Djallon de Bayol;

— Que **le Gabon**, de l'Amiral Bouët-Willaumez, aurait dû être le port indiqué de cette Afrique centrale que l'Américain Stanley a si brillamment ouvert à la vieille Europe en déchirant, en vrai Yankee, le voile qui recouvrait le Cours majestueux du Congo ;

— Que Madagascar, appelée **l'Ile Dauphine** par Richelieu en 1642, a été de nouveau consacrée française, il y a vingt ans par le traité de 1862 écrit avec le sang de Lambert de Redon;

— Et enfin que **l'Algérie** doit être une force pour nous, qui semblons ne l'aimer que parce qu'elle est brillante avec son beau soleil, son ciel de cobalt, ses oasis, ses palmiers, ses minarets de marbre, ses fantasias fougueuses.

Nous commencerons alors, en France, à ouvrir les yeux sur l'importance des Colonies et, surtout à comprendre notre rôle sur les côtes d'Afrique.

Nous verrons Alger, ses Forts et sa Mosquée, à égale distance de Fez et de Tunis, et nous sentirons que c'est là que doit être le Dépôt de notre « armée coloniale » avec l'Arabe, à qui, depuis la Conquête, nous avons refusé des écoles, et qui, sur les champs de bataille, en 1870, nous a donné son sang avec tant de fierté.

Nous nous souviendrons de ce que valent les Turcos au sarrouel bleu, aux guêtres blanches, aux tempes rasées, au cou nu, que fauchait la mitraille à Gravelotte.

Nous nous rappellerons les Spahis et leurs chevaux d'acier, défendant, dans la neige, la retraite de l'armée de la Loire, et nous comprendrons pourquoi nos officiers d'Afrique, Walsin-Esterhasi, Margueritte, Philebert..., en nous montrant les cavaleries légères d'Europe, nous répètent, depuis si longtemps, qu'avec les Larba, les Oulad-Naïl, les Saïd-Otba, les Snakra..., nous aurions des « éclaireurs » plus agiles que les Beloutchis du Sind, plus infatigables que les Kirghis, plus sobres que les Afghans, pour nous garder à 70 kilomètres en Campagne, comme se sont vantés de l'avoir été, par leurs Cosaques et leurs Hulans, Totleben dans les Balkans et de Moltke dans nos Vosges.

Ce que nous voulons, en un mot, c'est faire connaître nos colonies, c'est en montrer toutes les ressources, toutes les richesses, toutes les Forces, et, en prévision de l'avenir, voir se grouper tous ceux qui les aiment autour d'une même pensée, le relèvement économique de la France.

Voilà notre but en fondant le *Colonial et Géographique-Club*.

Et, nous le répétons, le Réveil colonial c'est l'action féconde succédant à l'agitation stérile, c'est la jeunesse française, réchauffant son cœur, retrempant ses forces au chaud soleil d'Afrique, c'est la France rayonnant dans le Monde, réparant ses erreurs et rachetant ses fautes.

C'est le Passé qui nous le dit, ce sont les Événements récents qui nous le rappellent, c'est comme un écho lointain de la voix de Manteuffel[1] qui nous crie : Mais prenez donc une carte, jetez les yeux sur Aboukir, Trafalgar, Sainte-Hélène, la Grèce, Chypre, Alexandrie, Ismaïlia, et souvenez-vous donc qu'il est, de l'autre côté de la Manche, une petite Ile conquise en 1066, à la bataille d'Hastings, par un Normand, Guillaume le Conquérant, mais qui depuis, a pu

— dicter la loi aux Continents ;
— à Waterloo faire pâlir les Aigles ;
— aux portes de Constantinople arrêter les Tzars ;
— à Navarin démembrer l'Islam ;
— et dans le Delta du Nil, à la face de l'Europe, faire tonner ses Escadres et débarquer ses cavaliers, parce qu'elle a su s'y prendre pour fonder des Colonies.

Paris, 8 mai 1883.

1. Discours de Strasbourg 1882 « ... J'ai trop étudié Turenne, Condé, Napoléon.. J'ai trop connu l'enivrement des combats pour ne pas aimer la guerre... Mais ici nous sommes sur une terre allemande... »

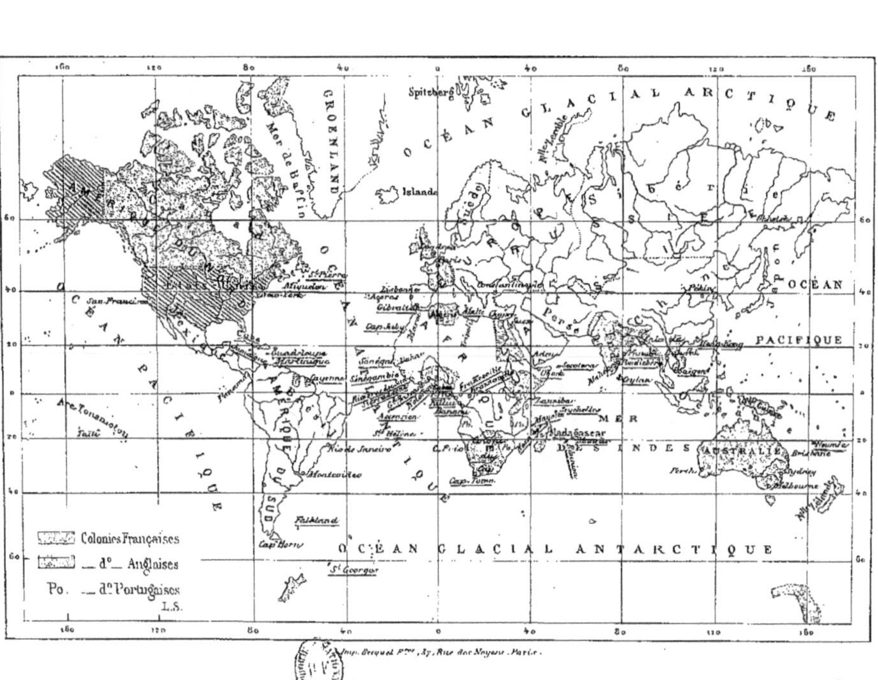

Imp. Becquet Fres, 37, Rue des Noyers. Paris.

MINISTÈRE DU COMMERCE

MISSIONS COMMERCIALES
ET
GÉOGRAPHIQUES

AFRIQUE DU NORD

RAPPORT
SUR LE ROLE ÉCONOMIQUE DE LA FRANCE
DANS LES
ÉTATS BARBARESQUES
ALGÉRIE — TUNISIE — MAROC

MONSIEUR LE MINISTRE,

Après les déceptions et les mécomptes éprouvés depuis trois ans par notre politique coloniale, en extrême Orient et à Madagascar, après les cruelles expériences faites à Formose, à Hué ou sous le feu des Hovas, et, par-dessus tout, devant l'apparition subite et grandiose, en Afrique, de deux nouvelles puissances coloniales, la Belgique, dans l'immense bassin du Congo, et l'Allemagne, à Angra-Pequena sur 200 lieues de côtes, et au nord de Zanzibar sur la route des grands lacs, un devoir impérieux s'impose de plus en plus à nous : celui de tourner les yeux vers nos possessions de l'Afrique du Nord, où pour base de notre expansion économique nous avons cette merveilleuse colonie l'Algérie.

Plus que jamais il importe à nos intérêts de nous répandre pacifiquement sur tout le massif montagneux des États Barbaresques, d'ouvrir à notre industrie les marchés de la Tunisie et du Maroc, d'atteindre les grands centres commerciaux de l'intérieur, et, de pénétrer au cœur même des oasis de Ouargla, du Mzab et du Touat.

Plus que jamais il est devenu urgent de tirer parti des hommes, des événements et des circonstances, d'utiliser tous les dévouements, de grouper tous les efforts, et, méthodiquement, scientifiquement, d'étendre notre action sur toute cette féconde, riche et pittoresque « Presqu'île de l'Atlas, » où avec les palmiers de Biskra, au pied de l'Aurès, et les cèdres de Teniet-El-Haad, au sommet de l'Ouarensenis nous trouvons, côte à côte, le climat de l'Égypte et celui du Liban.

Si pour courber l'Arabe sous le joug de notre domination, si pour imposer aux indigènes, comme une loi inéluctable et fatale, le respect de la France, nos colonnes expéditionnaires ont achevé, jusqu'au bout leur mission ; si dans la période de la conquête nos troupes ont dû éventrer la Kabylie, en 1847 avec Bugeaud, et raser Zaatcha avec Canrobert en 1849 ; si pour réprimer les insurrections il a fallu à nos généraux, en 1845 avec Pélissier, incendier les grottes du Dahra, en 1878 avec Forgemol, couper les oliviers séculaires de l'Oued-Abdi, et, en 1883 avec de Négrier, violer la Kouba-d'El-Abiod des Ouled Sidi-Cheikh, l'œuvre de la France n'est pas encore terminée.

Il nous reste à accomplir une tâche aussi glorieuse que la lutte, celle du rayonnement pacifique et de l'action féconde, en nous avançant pas à pas, au milieu des tribus nomades des Hauts-Plateaux et du Sahara, et en pénétrant dans l'enceinte même des Ksours fortifiés du Djebel-Ahmour, de l'Aurès et de l'Atlas par le commerce, par l'industrie, par les voies ferrées, par l'école.

En présence de la crise industrielle actuelle et en prévision de l'avenir de la génération qui grandit depuis 1870, c'est non seulement une nécessité économique et un besoin social pour nous, mais c'est, de notre part, une mesure de prudence politique et, même plus, un devoir sacré.

Nous ne devons pas oublier qu'avec les États Barbaresques, nous trouvons là, à 200 lieues de Marseille, notre premier port, une population de 10 millions d'indigènes, Arabes ou Berbères avec lesquels nous faisons par an près de 800 millions d'affaires et qui, frappés par le prestige de nos armes et de nos travaux, tour à tour nous ont offert leurs bras, comme les Marocains à Oran pour labourer la terre et leur sang sur les champs de bataille, sur nos frontières de l'Est, à l'armée de la Loire, dans le delta du fleuve Rouge, avec nos spahis et nos turcos qu'admirait tant Skobeleff.

A notre tour ne serait-ce que par reconnaissance, n'avons-nous pas, à donner à l'Arabe des armes pour le travail ; ne devons-nous pas le relever par l'instruction et graduellement le préparer à l'émancipation civique que nous avons, en 1871, accordée d'emblée aux Israélites d'Algérie.

Et qu'on ne s'y trompe pas, c'est à cette grande et glorieuse tâche de pacification, de civilisation et d'émancipation finale que concourent intuitivement toutes les forces vives de la France au nord de l'Afrique, depuis trente ans, quelles qu'aient été les luttes si stériles et si aveugles, entre l'élément civil et l'élément militaire, quelles qu'aient été les contradictions de notre politique depuis la pensée d'un « Royaume Arabe » qui eût été le « protectorat » jusqu'aux « Rattachements » du 5 septembre 1881 qui étaient « l'annexion » pure et simple.

Depuis Henry Duveyrier, qui, le premier, a pénétré chez les Touaregs, ces Berbères du Sahara, jusqu'à Flatters et le

A Monsieur le Ministre du Commerce, 25, quai d'Orsay.

R. P. Richard, les deux derniers qui soient tombés dans le désert frappés par eux; depuis la petite école de Biskra fondée par le bon et vénéré M. Colombo il y a vingt-cinq ans, jusqu'aux belles missions scientifiques du Transsaharien dues à la haute initiative de M. de Freycinet; depuis les sondages artésiens du général Desvaux à Touggourt en 1854, jusqu'à l'annexion politique du Mzab par le général Latour-d'Auvergne en 1883; toutes les œuvres de la France en Algérie ont eu pour résultat d'ouvrir à la science et au commerce les États Barbaresques et d'y asseoir notre domination en relevant l'Arabe.

En :

1848. **Prax** fait le premier voyage scientifique de Tunis au Souf et rentre par Touggourt et Biskra.

1853. **Renou** détermine dans le Sahara algérien les premières positions astronomiques en latitude et en longitude.

1853-61. Les docteurs **Cosson, Marès, Letourneux de la Perraudière** explorent le Sahara au point de vue hypsométrique, géologique et botanique.

1854. Le général **Desvaux**, avec MM. **H. Jus, Degousée, Laurent,** ingénieurs, et les lieutenants **Lehaut, Rose, Jeroka, Zickel, Piquot, de Lillo, Bourot**, entreprend les sondages artésiens du bassin de l'Oued-Rirh et du Hodna.

1856-57. **De Bonnemain** se rend de Biskra à Rhadamès, avec les Touaregs Azquer.

1857. Le capitaine **de Colomb** suit la ligne Tyout, Mograr et l'Oued-Namous et pénètre au milieu des tribus nomades des Douï-Menia et des Ouled-Sliman.

1858. **Bou-Derba** (interprète) se rend de Laghouat à Rhat par Ouargla et Temassinin avec les Chaambas de Ouargla et les Touaregs Azquer.

1859-1861. **Henry Duveyrier** explore le plateau central du Sahara entre Laghouat, Biskra, Gabès, Rhadamès, Rhat, Mourzouk, Tripoli et parcourt le territoire des Azquer et le côté oriental du Hoggar, partout conduit et protégé par le **cheik Othman**.

1861. Le capitaine **Colonieu** et M. **Burin** avec la grande caravane des Ouled-Ammyan explorent la route de Géryville à l'Aukuerout.

1862. **Pouyanne,** ingénieur des mines, descend au sud de Tlemcen et Sebdou jusqu'à Raz-el-Mâ et pénètre dans le bassin de l'Oued-Guiz.

1862. Le colonel **Mircher, M. Vatonne,** ingénieur, et le capitaine **de Polignac,** chargés d'une mission politique, commerciale et scientifique, vont de Tripoli à Rhadamès et rentrent en Algérie par Biskra, conduits dans les Grandes-Dunes par **Ali-bey**, après avoir signé avec les Touaregs un traité pour la protection des caravanes franco-algériennes.

1866. Le général **de Colomb** entreprend une expédition militaire et parcourt le sud-ouest de la province d'Oran jusqu'à Figuig.

1868. M. **Baumlez** explore la côte occidentale du Maroc et monte de Mogador à Marakesh.

1870. Le général **de Wimpffen** et le général **Chanzy** culbutent les Ouled-Sidi-Cheikh, et pénètrent jusque dans le bassin de l'Oued-Guir au delà de Figuig, en poursuivant les Ouled-Beni-Aïssa et les Ouled-Sidi-Guiz.

1872. M. **Pomel** explore les shotts tunisiens et le shott Melrirh en vue de la mer intérieure.

1873. M. **C. Sabatier** (député actuel d'Oran), descend à Tyout et à Mograr.

1873-74. **P. Soleillet** s'avance le premier de Laghouat à Aïn-Çalah par le plateau de Tademayte avec les Chaambas de Metlili et campe au Kçar de Milianah.

1873. Le général **de Gallifet** et **Ben-Driss,** l'agha de Ouargla, à la tête d'une colonne expéditionnaire de 800 hommes descendent jusqu'à El-Goléa.

1874. **Dourneaux-Duperré** et **Joubert**, deux négociants de Touggourt se rendent à Rhadamès par l'Oued-Souf et sont massacrés par les Touaregs Azquer en essayant de poursuivre leur voyage sur Rhat.

1874-75. Premier voyage de **V. Largeau**, à Rhadamès, par les Grandes-Dunes, guidés par les Chaambas de Ouargla.

1875. Les capitaines **Roudaire, Parisot, Lechatelier,** et les ingénieurs **Baudot, Martin Jaquemet** explorent les shotts de la mer intérieure de Biskra à Gabès.

1875-76. Deuxième voyage à Rhadamès par Touggourt et le Souf de **V. Largeau** avec MM. **G. Lemay, Lefaucheux, Say.**

1876-77. L'enseigne de vaisseau **Say** descend vers le Sud par Touggourt, Ouargla, les sources d'Aïn-Taïba, explore les Gassi jusqu'à El-Biod, campe au milieu des Chaambas dissidents réfugiés chez les Touaregs, et descend jusqu'aux oasis de Temassinin, escorté par les Touaregs Azquer Abd-el-Hakem, Dehanna, Karkarh, Chaffao et le vieil Handboul dont le corps était couvert de 43 blessures.

1878. **Masqueray :** En mission du ministère de l'Instruction publique, étude de l'État politique et religieux du Mzab.

1876. Les pères **Bouchard, Paulmier, Menoret**, en se rendant de Laghouat à Aïn-Çalah, sont massacrés à deux jours d'El-Golea par les Touaregs Hoggar.

1877-78. **J. Bourmancé** en mission du ministère des Beaux-arts : carte de la domination romaine et étude des monuments antiques.

1878-79. M. **Say** installé dans la Kasbah de Ouargla par le **général de Loverdo**, expédie des courriers à Rhat et au Tidikelt, et entre en communication avec les grands chefs d'Aïn-Çalah, qui lui envoient des autruches.

1878. M. **A. Duponchel**, ingénieur des ponts et chaussées, fait entre Alger et Laghouat les études préliminaires du Transsaharien.

1879. MM. **Fau, F. Foureau, A. Foureau, F. Caillol,** qui avaient accompagné M. Say à Ouargla en 1878, achètent avec MM. **Treille** et **Forcioli**, député et sénateur de Constantine, les Oasis sequestrées dans les Zibans et l'Oued-Rirh à la suite de l'insurrection d'El-Amri ; entreprennent la culture du palmier et les forages artésiens.

1879. 13 juillet, décret de M. **J. Grévy**, président de la République, nommant la commission supérieure du Transsaharien, sur la proposition de M. **de Freycinet**, ministre des travaux publics.

1879-80. Première mission **Flatters,** comprenant neuf officiers et ingénieurs : MM. **Masson**, **Beringer, Roche, Brosselard, Lechatelier, Bernard, Guiard, Cabaillot, Rabourdin.** La mission est entraînée à l'Est vers Rhat, jusqu'au lac Menrourh, par les Touaregs Azquer.

1879-1880. Études du Transsaharien, mission d'El-Goléa, MM. **Choisy, Barrois, Roland, Descamps, Jourdan,** ingénieurs, avec le lieutenant **Massoutier,** et le docteur **Weisgerber**, rentrent par Ouargla et Biskra.

1880. M. **Clavenad,** ingénieur, poursuit les études du Transsaharien sur Tiaret et Geryville, et M. **Baills,** ingénieur, étudie le tracé de la ligne Saïda-Mécheria construite aujourd'hui à voie étroite par la Compagnie franco-algérienne fondée en 1874 par **Sarlin** et **Hubert-Debrousse**.

1880. Études du Transsaharien sur la ligne Tlemcen et Sebdou, par MM. **Pouyanne** et **Hardy,** ingénieurs de l'État.

1881. Voyage de Saïda au Touat du Kodja du capitaine **Graulle**.

1881. Seconde mission **Flatters,** composée de 115 hommes pris dans les turcos et les Laghouatis, ayant à leur tête les capitaines **Masson** et **Dianous,** et MM. **Roche, Saintin, Beringer, Guiard,** ingénieurs, et les sous-officiers **Dennery** et **Pobeguin.** Cette mission est cernée par les Touaregs aux puits d'Asiou le 18 février, et entièrement massacrée.

1882. MM. **J. Bourmancé, H. Saladin,** architectes en mission de l'instruction publique, ou en voyages d'études, étudient les mosquées de Kairwan ou relèvent des ruines romaines dans le sud de la Tunisie.

1882. Insurrection du Sud oranais, marche du général **Colonieu** sur Figuig et du général **de Négrier** sur El-Abiod des Ouled-Sidi-Cheik, et prolongement jusqu'à Mécheria, par mesure stratégique, de la ligne Arzew-Saïda.

1883. Le R. P. **Richard** et deux autres missionnaires, les PP. **Morat** et **Pouplard,** massacrés à Rhadamès par les Touaregs.

1883. MM. **Roland, de Mattarel, Courcival, Jus, Guyot**, achètent 40,000 palmiers dans l'Oued-Rirh, et remplacent le gouvernement dans le forage des puits artésiens.

1884. Le capitaine **de Foucauld** explore dans l'extrême Sud du Maroc la vallée du Souss.

1885. Le lieutenant de hussards **Palat,** en mission de l'instruction publique, se rendant à Tombouctou, quitte Géryville le 1er octobre dernier, faisant route vers le Sud.

La liste, même incomplète, est longue, on le voit, de tous ces voyages de toutes ces explorations ou missions scientifiques, politiques, religieuses, commerciales, entreprises, tour à tour, par l'initiative privée, par la Société de géographie, par les chambres de commerce, par les gouverneurs de l'Algérie ou directement, par le gouvernement de la Métropole avec tous les départements ministériels, la Guerre, l'Instruction publique, les Travaux publics, le Commerce, l'Agriculture pour les reboisements avec M. Cyprien Girerd et la Marine prêtant ses chronomètres pour le Transsaharien.

Mais si, dans l'énumération de tous ces travaux, quelque chose doit nous frapper plus que la témérité de tous ces hommes de cœur dont les noms nous rappellent le dévouement sans bornes à la science,

C'est l'intermittence dans la nature des explorations;
C'est la multiplicité des itinéraires suivis ;
C'est le nombre des questions agitées à la fois;
C'est le manque de persévérance et de suite dans les études ;
C'est l'absence de base bien arrêtée ;
C'est le défaut d'objectif et de but nettement déterminés;
C'est la négligence presque complète de l'utilisation des hommes Arabes, Kabyles, ou Touaregs, suivant leurs aptitudes et le génie de leur race;
Puis c'est le silence subit qui succède brusquement aux catastrophes dont tout le monde repousse la responsabilité ;
Et c'est enfin l'oubli dans lequel tombent ceux dont on a le moins parlé, mais dont l'œuvre a été, peut-être, la plus féconde, comme Largeau à qui l'on doit en partie la colonisation du bassin de l'Oued-Rirh.

En somme c'est là, renouvelées au nord de l'Afrique, toutes les légèretés, toutes les erreurs, et toutes les fautes qui nous ont fait perdre l'Hindoustan en nous laissant cernés en 1753, par Robert Clive à Plassy dans le Delta du Gange, et qui, quels qu'aient été la prévoyance et le génie de Richelieu et de Colbert dès 1642, et leur souci des intérêts commerciaux de la France dans l'océan Indien, devaient fatalement en se répétant éternellement, nous amener à être, un jour, acculés dans le Delta du Song-Koï par l'Annam et la Chine, et, sur les côtes de Madagascar par les Hovas avec les anglais Shaw, Willoughby et Sherwington.

Aussi, mettant à profit, en Afrique, l'expérience si cruellement acquise en Orient, nous a-t-il paru que ce serait un devoir pour le Ministère du Commerce d'apporter sa pierre à cette tâche pacifique et glorieuse de la France dans les États Barbaresques en donnant une impulsion nouvelle et une direction générale aux voyages d'explorations.

Et il nous a semblé devoir être un suprême honneur pour le Ministère du quai d'Orsay que de faire appel au dévouement de nos hommes de science et de nos négociants et, surtout, de grouper tout particulièrement autour de lui toute cette jeune génération d'hommes si merveilleusement préparés pour la grande lutte à l'étranger par l'*École des Hautes-Études commerciales* qu'inauguraient M. Roy et les chambres de commerce de Paris en 1881, et que M. Rouvier, Ministre du Commerce et des Colonies, était si fier et si heureux de prendre sous son haut patronage, comme s'il eût eu le pressentiment et la vision des gaspillages forcés et des mécomptes sanglants auxquels nous exposeraient le déploiement, sans frein à quatre mille lieues de la Métropole, d'expéditions militaires mal préparées, et l'oubli des conseils de ce brave et modeste négociant-armateur Jean Dupuis dont les Sampangs chargés de sel déjà en 1873 remontaient jusqu'aux mines d'étain du Yunang.

Pour l'Algérie, s'il est une direction générale à indiquer c'est le sud; ce sont les voies de communications qui pénètrent à l'intérieur, ce sont les grands bassins naturels de colonisation que jalonnent déjà des villes, des villages et des oasis naissantes.

Effectivement ce sont plus que de simples successions d'étapes, ce sont, pour notre expansion économique dans les États Barbaresques, de vraies artères que ces grandes routes vers le sud :

Constantine. — Biskra. — Touggourt. — Ouargla;
Alger. — Laghouat. — Ghardaïa. — El-Goléa ;
Arzew. — Saïda. — Mecheria. — Figuig;
Et Oran-Tlemcen vers le Maroc,

Où le commerce, par le roulage et les caravanes, a déjà tracé comme la première indication du parcours que suivront un jour les voies ferrées et les locomotives.

C'est vers le sud, vers l'intérieur, vers les Hauts-Plateaux que doivent se diriger toutes nos préoccupations, parce que c'est vers le sud, vers les espaces ouverts et libres que marche la colonisation trop à l'étroit dans le Tell, et que se déplace peu à peu la population européenne à la suite des échanges qui apportent à la côte, à nos ports d'embarquement les alfas, les laines, les moutons, les bœufs, les cuirs, les bois, les lièges et, en même temps, rapprochent de nous les Arabes.

C'est vers le sud, dans les montagnes de l'Aurès et de l'Atlas, au milieu des Ksours industrieux des Berbères, et, au delà de l'Atlas, dans le Sahara chez les nomades, que doivent se porter tous nos regards, parce que c'est là seulement que, vivant au milieu des indigènes dans une plus étroite communauté d'intérêts, nous trouverons la solution de tous ces grands problèmes qui depuis trente ans préoccupent tous ceux de nos hommes politiques qui ont à cœur l'avenir de l'Algérie basée sur le progrès moral et matériel des Arabes.

C'est encore dans le sud et au delà du Sahara dans l'extrême sud-ouest, notre Far-west africain, que doivent, et aujourd'hui plus que jamais, se concentrer toute l'attention et toutes les pensées de nos négociants, de nos économistes et de nos hommes d'État parce que de toutes les questions algériennes, de toutes les affaires coloniales s'il est un problème important à résoudre, sans jamais « faire parler la poudre, » c'est celui du fameux triangle :

LAGHOUAT — AÏN-ÇALAH — FIGUIG

— Dont la base, de Laghouat à Figuig, est le territoire de parcours des Ouled-Sidi-Cheikh, ce foyer mystérieux des insurrections incessantes;

— Dont le côté oriental est la grande voie commerciale du Mzab et le bassin de l'Oued-Rihr avec nos colons de Touggourt et de Ouargla;

— Dont le sommet est Aïn-Çalah, centre de gravité du mouvement commercial du Niger à la Méditerranée, et, en même temps, cœur d'une agglomération d'un million de Berbères indépendants, cultivant dix millions de palmiers répartis dans les oasis du Touat, du Tidikelt et du Gourara.

— Dont enfin le côté occidental, dans l'extrême sud de la province d'Oran et sur la frontière du Maroc, coupe les territoires mal définis par le traité du 14 mai 1845, qui fût le résultat de cette magnifique journée du 15 août 1844, où, à la même heure, le sultan Abd-el-Rhaman, des hauteurs de Fez, entendait Joinville et son escadre bombarder la Kasba de Mogador et voyait Bugeaud culbuter ses goums au gué de l'Isly, pendant qu'en Europe Guizot tenait tête à Robert Peel, ce grand ministre de l'Angleterre.

En outre, c'est juste à moitié chemin entre Laghouat et Aïn-Çalah, que se trouve El Goléa, nid d'aigles au sommet d'un rocher de grès rouge et repaire des Chaambas. C'est au pied de sa falaise que sourdent les eaux les plus pures du désert, et c'est là que, de temps à autre, viennent s'abreuver les Touaregs, coupeurs de route audacieux, insaisissables sur leurs meharis blancs, toujours méconnaissables sous leur voile noir, tour à tour bandits sur les grands chemins ou pilotes de caravanes et douaniers aux portes d'Aïn-Çalah.

C'était avec eux qu'il fallait traiter pour le Transsaharien, et le massacre effrayant de la mission Flatters aux puits d'Asiou, le 18 février 1881, est venu nous rappeler que, vingt ans avant, en 1861, un Touareg, le vieux cheikh Othman, avait seul escorté et piloté Henry Duveyrier, et, pendant trois ans, avait travaillé avec lui à la carte du Sahara central et du Hoggar, leur propre pays.

Bref, autant de côtés, autant de fois vingt raisons pour justifier l'exploration approfondie de ce grand triangle Laghouat — Aïn-Çalah — Figuig, dont le sud est si mystérieux, et dont les territoires vers l'ouest ont des horizons si chargés de difficultés.

Et si de cette étude raisonnée et suivie doivent résulter :

— Des notions économiques plus exactes sur le Touat;
— Un accroissement d'échanges avec les Berbères des Ksours et du Sahara ;
— Un rapprochement vers nous des Ouled-Sidi-Cheikh, ces Arabes pasteurs et nomades;
— Et même, pour l'avenir, une plus sage et plus heureuse utilisation, même des Touaregs du Hoggar;

Si enfin, comme résultante de tout cela, nous pouvons arriver à une solution pacifique de toutes les questions de frontières pendantes avec le Maroc, dont les intérêts économiques deviennent de plus en plus solidaires des nôtres et dont l'intégrité du territoire et l'autonomie, à nos yeux, devraient être sacrées, le Ministère du commerce aura accompli une œuvre féconde.

Œuvre d'autant plus féconde, et d'autant plus grandiose, qu'elle aura pour sanction l'extension graduelle de nos relations commerciales dans tout le nord de l'Afrique, de Gabès à l'Océan, dans ces magnifiques États Barbaresques où, comme Rome et Carthage, nous avons trouvé devant nous ces mêmes Numides, ces mêmes Berbères, qui les faisaient trembler, mais qui, fiers de s'enrôler dans nos armées, en sont aujourd'hui une des gloires, et à qui un jour, grâce au génie industrieux de leur race, nous devrons la suprématie de la France dans la « Presqu'île de l'Atlas. »

Louis SAY,
Lieutenant de vaisseau, R. C.

Paris, 30 janvier 1886.

AFRIQUE DU NORD. — ÉTATS BARBARESQUES.

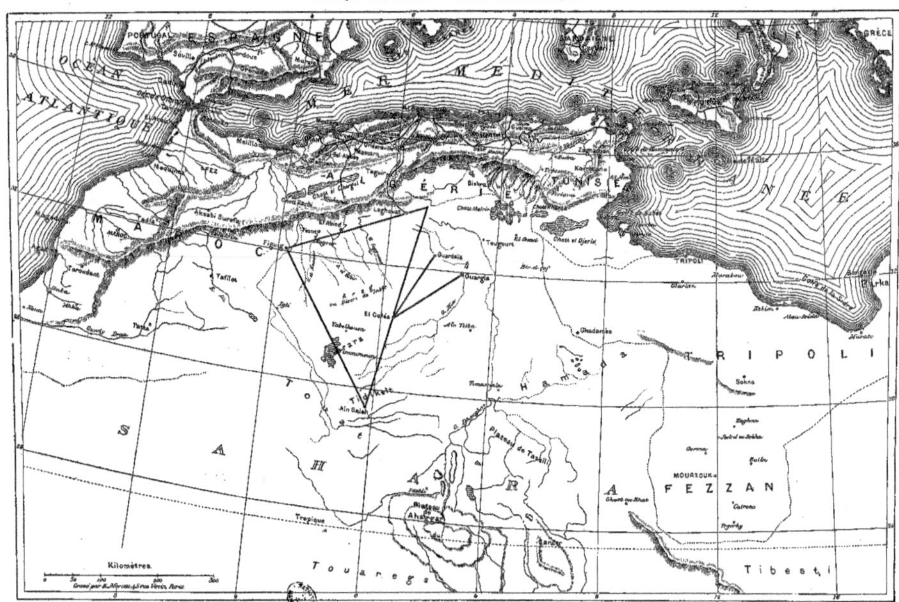

RAPPORT ADRESSÉ À M. LE MINISTRE DU COMMERCE. — EXPLORATION DU TRIANGLE LAGHOUAT — AÏN-ÇALAH — FIGUIG.

PARIS
IMPRIMERIE E. CAPIOMONT ET V. RENAULT
6, RUE DES POITEVINS, 6

www.ingramcontent.com/pod-product-compliance
Lightning Source LLC
LaVergne TN
LVHW010038230826
846091LV00005B/1760

* 9 7 8 2 0 1 2 9 3 6 5 6 0 *